_________________ 님의 소중한 미래를 위해
이 책을 드립니다.

괴테의 인생 수업

괴테의 인생 수업

살아갈 힘을 주는 괴테 아포리즘

괴테의
인생 수업

요한 볼프강 폰 괴테 지음 | 강현규 엮음 | 김하영 옮김

메이트북스

메이트북스 우리는 책이 독자를 위한 것임을 잊지 않는다.
우리는 독자의 꿈을 사랑하고,
그 꿈이 실현될 수 있는 도구를 세상에 내놓는다.

괴테의 인생 수업

초판 1쇄 발행 2026년 2월 20일 | **지은이** 요한 볼프강 폰 괴테 | **엮은이** 강현규 | **옮긴이** 김하영
펴낸곳 (주)원앤원콘텐츠그룹 | **펴낸이** 강현규·정영훈
등록번호 제301-2006-001호 | **등록일자** 2013년 5월 24일
주소 04607 서울시 중구 다산로 139 랜더스빌딩 5층 | **전화** (02)2234-7117
팩스 (02)2234-1086 | **홈페이지** matebooks.co.kr | **이메일** khg0109@hanmail.net
값 15,000원 | **ISBN** 979-11-6002-449-4 03160

좋은 사람을 찾기보다
나쁜 사람을 멀리하는 것이 현명하다

· 괴테 ·

이제 괴테의 '진짜 목소리'를 들어야 할 시간!

현대인의 정신적 허기를 채워주는 세 명의 철학자가 있습니다. 쇼펜하우어, 니체 그리고 괴테입니다.

쇼펜하우어는 삶이 본질적으로 고통임을 선언하며 우리를 짓누르던 가짜 희망의 거품을 걷어내 주었습니다. 니체는 그 고통의 사슬을 망치로 부수고 운명을 사랑하라는 뜨거운 야성을 불어넣었습니다. 그렇다면 왜 마지막은 결국 괴테여야 할까요? 쇼펜하우어가 고통을 '응시'하게 하고, 니체가 고통에 '저항'하게 한다면, 괴테는 그 고통을 재료 삼아 어떻게 삶이라는 집을 '완성'할 것인가를 보여주기 때문입니다.

괴테는 니체의 파괴보다 단단하고, 쇼펜하우어의 냉소적인 포기보다 현실적입니다. 그는 삶의 비극을 인정하면서도, 그 비극이 삶의 질서를 무너뜨리지 못하도록 스스로를 다스리는 원리를 가르칩니다. 현대인에게 가장 필요한 것은 파괴의 망치가 아니라,

무너진 일상을 다시 세우는 정교한 설계도입니다.

이 설계도를 그리기 위해 저는 엄격한 편역 원칙을 세웠습니다. 괴테의 방대한 저작 — 결정체인 『파우스트』부터 노년의 통찰이 담긴 『격언과 성찰』, 에커만과의 대화록인 『괴테와의 대화』에 이르기까지 — 속에 흩어진 수많은 문장들을 먼저 '원석' 상태로 발굴해 쌓아 올렸습니다. 그리고 이 문장들을 8개의 테마에 맞춰 해체하고 재조합했습니다. 이것은 단순한 잠언의 나열이 아니라, 인생의 모든 국면에서 길을 잃지 않도록 닦아낸 '정교하게 설계된 삶의 지도'입니다.

이 책이 제시하는 8개의 테마는 단순히 흩어진 문장들을 분류한 것이 아닙니다. 한 인간이 허무를 뚫고 일어나 자기 삶의 주권자로 바로 서기까지 거쳐야 하는 '형성(Bildung)의 8단계'입니다. 모든 삶은 낡은 자아를 깨고 나오는 '생성'에서 시작되어, 관념을 실체로 바꾸는 뜨거운 '활동'으로 이어집니다. 그 활동의 끝에서 우리는 자신만의 고유한 형상을 빚어내는 '형성'의 기쁨을 맛보며, 스스로 세운 법 안에서 비로소 진정한 '자유'를 얻습니다. 하지만 주권자의 삶은 안락함에 안주하지 않습니다. 우리를 단련하는 '시련'을 통과하며 영혼의 불순물을 걷어내고, 깊은 '관조'를 통해 세계의 본질을 꿰뚫는 혜안을 얻습니다. 나아가 타인과의 고결한 '연대'를 통해 자아의 지평을 넓힐 때 인간은 비로소 '현재'라는 신성한 여신 앞에 당당히 서서 매 순간을 축제로 만들 수 있습니다.

이 여덟 단계를 거치는 동안 우리는 단순한 생존자를 넘어, 자기 운명을 통치하는 진정한 주권자로 거듭나게 될 것입니다.

무엇보다 저는 편역자의 자의적인 해설과 해석의 과잉을 철저히 경계했습니다. 한 줄의 문장은 짧은 위로가 될 순 있지만, 타인의 해석이 덧칠해지는 순간 괴테의 날 선 통찰은 뭉툭해지기 때문입니다. 괴테가 직접 쓴 문장들만으로 직조된 이 '고순도의 아포리즘'은, 독자가 거장의 목소리와 직접 대면하게 함으로써 인생의 허무를 실천적 의지로 바꾸어낼 수 있는 강력한 동력을 제공할 것입니다.

우리는 지금 정보의 홍수 속에 살고 있지만, 정작 영혼의 갈증은 해소하지 못하고 있습니다. 흩어진 데이터는 결코 삶의 기준이 될 수 없습니다. 괴테는 "이론은 잿빛이지만 삶의 황금빛 나무는 푸르다"고 일갈했습니다. 이 책에 담긴 180개의 수업은 머리로만 읽는 지식이 아닙니다. 당신의 손에 굳은살을 박이게 하고, 무거운 발걸음을 다시 내딛게 만드는 '생동하는 지혜'의 정수입니다.

괴테가 말하는 자유는 내 마음대로 사는 방종이 아니라, 스스로 법을 세우고 그것을 지켜내는 존엄한 '자기 통제'입니다. 인생의 소음이 커질수록 우리는 자신의 내면 질서를 더욱 엄격히 정돈해야 합니다. 이 책은 당신이 삶의 주권자로서 어떻게 자신만의 규칙을 세우고, 외부의 흔들림 속에서도 평온한 관조의 상태에 도달할 수 있는지를 구체적으로 제시합니다.

또한 이 책은 타인을 나를 완성하는 맑은 거울로 삼고, 시련을 나를 연마하는 가장 날카로운 정으로 받아들이는 거장의 자세를 주문합니다. 고난은 우리를 파괴하러 오는 적이 아니라, 불필요한 가짜 모습을 벗겨내고 본질적인 광채를 드러내러 온 스승입니다. 밤이 깊을수록 별이 더 밝게 빛나듯, 당신의 가장 어두운 시기가 가장 위대한 생성의 순간이 될 수 있음을 괴테는 증명하고 있습니다.

인생의 허무는 어느 날 갑자기 찾아오는 대단한 깨달음으로 극복되는 것이 아닙니다. 그것은 괴테가 그토록 강조했듯 '오늘의 의무'를 묵묵히 다하고, 스스로 자기 삶의 입법자가 되어 절제 속의 진정한 자유를 누릴 때 비로소 희석되는 것입니다. 저는 이 책을 엮으며 괴테가 건네는 한 문장 한 문장이 단순한 글자가 아니라, 우리 영혼의 무너진 담장을 다시 세우는 단단한 벽돌이 되기를 바랐습니다.

괴테의 진짜 목소리가 당신의 일상을 뒤흔들 준비를 마쳤습니다. 이 180개의 수업이 당신의 흐트러진 마음을 다잡고, 내면의 고결함을 다시 깨우는 마지막 퍼즐 조각이 되기를 진심으로 바랍니다. 이제 괴테가 건네는 가장 뜨거운 응답을 직접 확인해보십시오.

엮은이 강현규

2장

활동 _ 인생의 모든 정답은 행동에 있다

3장

형성 _ 인생은 자신을 조각하는 예술이다

6장

관조_ 아는 만큼 세계의 신비가 보인다

7장

연대 _ 타인은 나를 비추는 맑은 거울이다

1장

우리는 매일 아침 새롭게 태어나는 존재입니다. 망설임은 영혼에 녹을 만들지만, 작은 시작은 잠들어 있던 능력을 깨우는 마법이 됩니다. 완벽한 준비가 끝날 때를 기다리지 말고, 지금 당장 마음의 불꽃을 일으켜·보세요. 일단 첫걸음을 떼는 순간, 세상은 당신의 새로운 탄생을 돕기 위해 움직이기 시작합니다. 생성은 멈춰 있는 상태가 아니라, 끊임없이 자신을 다시 빚어가는 위대한 과정입니다.

생성

_모든 시작에는 마법이 깃들어 있다

01

결단이 없다면
능력은 잠든 채로 남는다

결단하는 순간, 운명의 질서도 함께 움직인다. 이전에는 결코 일어나지 않았을 온갖 일들이 그를 돕기 위해 일어난다.

결단은 생각의 사슬을 끊고 영혼을 자유롭게 하는 유일한 칼날이다. 망설임은 영혼에 슬그머니 피어나는 녹이며, 결단은 그 녹을 닦아내 본연의 빛을 되찾게 하는 광택제다.

용기 속에 이미 천재성이 숨어 있다. 그러니 단호하게 마음을 정하라. 결단이라는 첫 번째 벽돌을 놓지 않는 한, 당신의 잠재력은 영원히 잠든 채로 남을 뿐이다.

02

태초에 행동이 있었고,
그것이 시작이다

태초에 '말'이 있었던 것이 아니라 '행동'이 있었다. 생성의 신비는 관념 속에서 머물지 않고, 오직 첫 번째 움직임 속에서 비로소 그 형체를 드러낸다.

시작하지 않은 진리는 아직 진리가 아니며, 실현되지 않은 잠재력은 존재하지 않는 것과 같다. 이론은 잿빛이지만, 삶의 황금빛 나무는 푸르다. 그러므로 망설임을 깨고 움직여라. 그 첫 번째 파동이 비로소 당신만의 세계를 창조하기 시작한다.

가장 어려운 것은 시작하는 것이다. 일단 첫걸음을 떼면 자연의 법칙이 당신의 생성을 돕기 위해 움직일 것이다. 첫걸음이 방향을 결정하고, 그 움직임의 지속이 목적지를 빚어낸다.

03

매 순간 시작하는 자만이
새롭게 태어난다

우리는 매 순간 시작해야 한다. 탄생은 단 한 번의 사건이 아니라, 매 순간 자신을 새롭게 정의하는 연속적인 과정이다. 매일 아침 우리는 새롭게 태어난다. 어제 일어난 일은 어제로서 끝났다.

그러니 어제의 일은 어제에 두어라. 오늘 당신은 다시 시작해야 한다. 어제의 나를 장사 지내지 않고서는 오늘의 나로 태어날 수 없다. 매 순간 자신을 쇄신하지 않는 자는 매 순간 소멸하고 있는 것이다.

매일 아침 눈을 뜰 때, 우리는 새로운 창조의 날을 선물 받은 것이다. 창조의 첫날은 당신의 오늘 아침에도 있다.

1장

04

죽고 다시 태어나지 않으면
나그네일 뿐이다

죽고 다시 태어나라. 그렇지 않다면 당신은 어두운 땅 위의 불안한 나그네일 뿐이다. 생성은 파괴를 전제로 한다. 낡은 형식을 깨야 새로운 생명이 깃든다. 낡은 껍질을 벗는 고통을 기꺼이 껴안아라.

하나의 형태에 고착되는 것은 죽음이며, 끊임없이 형태를 바꾸는 것만이 영생이다. 모든 꽃은 피어나기 전까지 자신을 가두고 있는 봉오리와 싸운다. 씨앗은 어둠 속에서 고투하며 자신의 껍질을 깨는 결단을 내린다.

과거의 허울을 벗어던지는 결단이 없다면, 새로운 생명은 그저 낡은 집의 덧칠에 불과하다. 그러니 매 순간 자신을 버려라. 매 순간 자신을 버릴 줄 아는 자만이, 매 순간 새로운 자신을 얻는다.

05

용기는 두려움을 이기고
발을 내딛는 결단이다

용기란 단순히 두려움이 없는 상태가 아니라, 두려움에도 불구하고 발을 내딛는 결단이다. 두려움은 미래를 바꾸지 못하고, 오직 현재의 힘만 빼앗는다. 두려움 없는 삶은 대부분 무의미하다.

새로운 시작을 두려워하는 자는 자신의 무덤을 미리 파고 있는 것과 같다. 새로운 시작을 위해 필요한 것은 더 많은 지식이 아니라 더 적은 두려움이다.

위대한 일은 대개 무모해 보이는 작은 결단에서 싹트기 마련이다. 그러나 세상은 대담한 자에게만 그 비밀스러운 문턱을 넘도록 허락한다.

06

자신을 믿는 순간 길이 열리기 시작한다

자기 자신을 믿어라. 그러면 너의 길이 열린다. 자신을 믿는 순간, 당신은 어떻게 시작해야 할지 알게 된다. 모든 형성은 자기 자신에게 던지는 첫 번째 명령에서 시작된다.

사람은 자신이 마음속에 지닌 것만을 세계에서 본다. 그러므로 진정한 탄생은 부모로부터 나오는 순간이 아니라, 자기 의지로 일어서는 순간이다. 자기 자신에게 처음으로 "예"라고 말하는 순간이 진정한 탄생이다.

자기 주권은 타인의 시선을 없애는 데서 오지 않는다. 그 시선이 있어도 흔들리지 않는 기준을 세우는 데서 온다.

07

생성하는 것이
삶의 유일한 목적이다

삶은 우리에게 '완성'이 아니라 '변화'를 요구한다. 완전한 것은 존재하지 않는다. 오직 생성되는 것만이 존재한다. 자연에는 정지가 없다. 정지하는 순간 이미 죽은 것이다.

우리가 어떤 목표에 도달하느냐보다, 어떤 과정을 거쳐 생성되느냐가 더 중요하다. 정지한 것은 세상을 어지럽힐 뿐이다. 존재란 고정된 상태가 아니라 끊임없는 이행이다.

생성은 존재의 유일한 의무다. 우리는 존재하기 위해서가 아니라 생성되기 위해 태어났다. 그러므로 생성하는 모든 순간은 기적이며, 시작하는 모든 마음은 거룩하다.

08

위대한 성취는
시작의 열망 속에 존재한다

씨앗 속에 이미 나무가 들어 있듯이, 인간의 위대한 성취는 그 시작의 열망 속에 이미 존재한다. 시작은 언제나 작다. 그러나 그 작음 속에 전체가 잠든다. 씨앗이 토양을 뚫고 나오듯, 의지는 현실의 장벽을 뚫고 솟아오른다.

씨앗이 어둠 속에서 고투하는 시간을 낭비라고 부르지 마라. 그것은 생성의 유일한 경로다. 위대한 설계도보다 중요한 것은 첫 번째 벽돌을 놓는 손의 떨림이다. 첫 번째 벽돌을 놓을 때, 성벽은 이미 완성되기 시작한 것이다. 무엇인가를 진심으로 열망할 때, 이미 그 일은 시작된 것이나 다름없다.

09

운명은 움직이는 자에게만
얼굴을 보여준다

운명은 정지한 사람에게가 아니라, 움직이는 사람에게 얼굴을 보여준다. 오직 결단하고 움직이는 자에게만 방향을 보여준다.

시작하는 자에게는 우연조차 운명이 되어 돕는다. 결단은 운명의 질서를 우리 편으로 만드는 가장 확실한 방법이다.

자신의 운명을 스스로 빚는 자만이 생생하게 살아 있다고 말할 수 있다. 그러니 자신의 운명을 사랑하라. 자신의 운명을 사랑하는 자만이, 새로운 시작의 고통을 기꺼이 감내한다. 운명은 비겁한 자를 쫓아내고, 용감한 자에게 그 길을 열어준다.

10

결단되지 않는 지혜는
무거운 짐일 뿐이다

망설임은 사람의 영혼을 부식시키는 녹이며, 결단은 영혼을 빛나게 하는 연마제다. 망설임은 생성의 에너지를 좀먹는 가장 고약한 해충이다. 망설임은 생성의 흐름을 막는 제방과 같다. 그 제방을 무너뜨리는 것이 결단의 힘이다.

머뭇거리는 십 년보다 과감하게 행동하는 하루가 영혼에 더 깊은 흔적을 남긴다. 결정적인 첫걸음이 없다면 모든 재능과 계획은 무용지물이다.

망설이는 자의 시간은 모래처럼 흩어지지만, 결단하는 자의 시간은 바위처럼 쌓인다. 결단하지 않는 지혜는 무거운 짐일 뿐이다. 결단은 생각의 유희를 멈추고 실체의 세계로 들어가는 입장권이다.

큰일을 하려면
자기 자신이 커져야 한다

큰일을 하려면, 무엇보다 먼저 '자기 자신'이 커져야 한다. 무엇인가를 이루기 위해서는 먼저 그만한 존재가 되어야 한다.

재능은 고요함 속에서 형성되지만, 성격과 인격은 세상의 격류 속에서 생성된다. 인격은 스스로 다져야 할 실체다. 실체 없는 명성은 가볍게 흩어지지만, 형성된 인격은 굳이 말하지 않아도 오래 남는다.

가장 위대한 예술은 자기 자신을 끊임없이 새로이 빚어내는 것이다. 우리는 죽을 때까지 배우는 것이 아니라, 죽을 때까지 생성되는 것이다. 자신을 다시 빚는 일에 게으른 자는 이미 세상에서 잊힌 존재다.

12

어제의 시선을 버릴 때
새로운 세계가 나타난다

새로운 세계를 보고 싶다면, 먼저 어제의 시선을 버리는 용기부터 가져야 한다. 과거에 묶인 자는 결코 미래로 걸어 들어갈 수 없다. 새로운 시작을 위해 당신의 지도를 불태워라. 길은 오직 걷는 동안에만 나타난다.

과거를 기억하되 과거에 살지 마라. 생성은 오직 '현재'라는 좁은 틈에서만 일어난다. 새로운 시야는 새로운 장소가 아니라 새로운 마음의 시작에서 온다. 과거의 영광에 안주하는 것은 현재의 가능성을 죽이는 일이다.

새로운 시작을 하려는 자는 과거의 영광과 결별할 줄 알아야 한다. 과거는 닻이 아니라 족쇄가 되기 쉽다. 그러니 언제나 멀리만 보지 마라. 좋은 것은 당신 가까이에 있다.

13

생성의 고통은
새로운 탄생의 신호다

시작의 고통은 출산의 고통만큼 고귀하다. 시작이 고통스러운 것은 그것이 중력을 거스르는 도약이기 때문이다. 생성의 기쁨은 고통의 껍질을 뚫고 나온 자만이 누리는 특권이다.

모든 것이 끝났다고 생각하는 바로 그 지점이, 새로운 생성이 시작되는 지점이다. 가장 위대한 시작은 대개 비참한 실패의 잔해 위에서 일어난다. 시련의 고통을 거부하는 자는 성장의 축복도 거부하는 자다.

상처가 남긴 교훈을 삶의 방식으로 바꾸는 순간, 사람은 이전과 같지 않게 된다. 고난은 사람의 허위를 벗기고, 남겨야 할 것과 버려야 할 것을 가른다.

14

결단은 지혜를 완성하는
마지막 퍼즐이다

결단은 지혜의 완성이다. 아무리 많이 알아도 결단하지 못하면 무지한 것과 같다. 결단하지 않는 자는 환경의 노예가 되고, 결단하는 자는 환경의 입법자가 된다.

결심은 차갑게 하고, 시작은 뜨겁게 하라. 결심은 존재의 도약이며, 시작은 존재의 비상이다. 결단은 영혼의 호흡이다. 숨을 들이켜듯 결단하고, 숨을 내뱉듯 실행하라.

아는 것만으로는 부족하다. 적용해야 한다. 바라는 것만으로는 부족하다. 행동해야 한다. 지식은 축적되지만, 지혜는 오직 결단과 통찰을 통해 완성된다.

15

대담함은 하늘의 문을 여는 가장 강력한 열쇠다

당신이 할 수 있는 일이라면, 혹은 할 수 있다고 꿈꾸는 일이라면 지금 당장 시작하라. 마법은 멀리 있는 신비가 아니라, 결단한 인간의 의지 속에 깃드는 구체적인 힘이다.

대담하게 발을 내딛는 자에게 세상은 보이지 않는 선한 손길을 내민다. 시작의 마법은 당신이 "지금"이라고 말하는 순간 비로소 깨어난다.

대담함은 하늘의 문을 여는 가장 강력한 열쇠이며, 세상은 그 기세에 압도되어 비밀스러운 문턱을 넘도록 허락한다. 시작하라. 대담함 속에는 우리가 미처 몰랐던 천재성과 힘이 깃들어 있다.

당신이 할 수 있는 일이라면, 혹은 할 수 있다고 꿈꾸는 일이라면 지금 당장 시작하라. 대담함 속에는 천재성과 힘, 그리고 신비로운 마법이 깃들어 있다. 마법은 멀리 있는 것이 아니라, 결단한 인간의 의지 속에 깃든다.

시작의 마법은 오직 첫걸음을 뗀 자에게만 그 효력을 발휘한다. 시작의 마법은 당신이 "지금"이라고 말하는 순간 비로소 깨어난다. 모든 시작에는 보이지 않는 선한 손길이 닿아 있다.

대담함은 하늘의 문을 여는 가장 강력한 열쇠다. 세상은 대담한 자에게만 그 비밀스러운 문턱을 넘도록 허락한다.

생성하고 존재하는 것이
우리에게 주어진 명령이다

모든 존재는 생성되는 동안에만 아름답다. 생성은 존재의 노래이며, 시작은 그 노래의 첫 소절이다. 생명은 안일한 보존이 아니라 격렬한 생성 속에서만 그 빛을 발한다.

자연은 언제나 자기 자신을 새롭게 창조하며, 정체된 모든 것을 생성의 소용돌이로 몰아넣는다. 생동감이란 어제보다 나은 오늘이 아니라, 전혀 다른 오늘을 꿈꾸는 의지다.

생동하는 것만이 세상을 바꾼다. 정지한 것은 세상을 어지럽힐 뿐이다. 그러니 생성하라, 그리고 존재하라. 그것이야말로 인간에게 주어진 유일한 명령이다.

인간의 위대함은
다시 시작하는 능력에 있다

인간이 가진 가장 위대한 재능은 다시 시작할 수 있는 능력이다. 인간의 위대함은 그가 얼마나 높이 올랐느냐가 아니라 얼마나 자주 다시 시작하느냐에 있다.

아무것도 시도하지 않는 자는 실패하지 않겠지만, 결코 존재하지도 않을 것이다. 실패를 두려워하지 말고 언제든지 다시 시작하라. 다시 시작한다는 것은 실패를 포함한 자신을 데리고 새로운 방식으로 나아가는 일이다.

어제의 패배가 오늘을 규정하도록 내버려두지 마라. 당신이 다시 손을 대는 순간, 과거는 더 이상 심판자가 아니다. 그러니 시작을 미루지 말고, 작게라도 다시 움직여라.

18

가장 눈부신 아침은
가장 깊은 밤 끝에 온다

밤이 깊을수록 하늘의 별은 더욱 찬란하게 빛난다. 어둠은 빛을 가리는 장벽이기도 하지만, 동시에 과장을 걷어내는 시간이다.

가장 눈부신 꽃은, 가장 차가운 겨울을 견디고 시작된 씨앗에서 피어난다. 혹독한 시련의 계절을 내실을 다지는 시간으로 삼자. 뿌리는 땅속에서 자라며, 그 시간을 거친 나무만이 바람 앞에서 오래 서 있을 수 있다.

짙은 그림자가 있기에 태양의 소중함을 깨닫는다. 어둠은 빛을 만들어주지 않지만, 빛을 알아보게 만든다. 가장 위대한 시작은 대개 아무도 주목하지 않는 고요한 새벽에 이루어진다.

19

의지는 길을 만들고,
길은 인간을 완성한다

스스로 명령하지 못하는 자는 영원히 하인으로 남는다. 자신을 이기는 자만이 세상을 이긴다. 의지는 모든 불가능을 가능의 영역으로 옮겨놓는 지렛대다.

결심이 굳건하면 환경은 그 결심을 돕는 도구로 변모한다. 결단은 인생이라는 항해에서 키를 잡는 유일한 손길이다. 결단은 인생의 폭풍우 속에서도 나침반을 놓지 않는 용기다.

자기 삶의 주인이 되는 순간, 인간은 처음으로 태어난다. 스스로 자기 삶의 입법자가 되어 절제 속의 진정한 자유를 누려라. 바로 그것이 인간의 존엄이다.

자연은 비약하지 않으나
생명은 결단한다

자연은 비약하지 않는다. 그러나 생명은 결단의 순간에 비약한다. 씨앗 속에 이미 나무가 들어 있듯이, 모든 형성의 뿌리는 스스로 알을 깨고 나오려는 태초의 의지에 있다.

생동하는 모든 것은 스스로를 제한함으로써 비로소 자신의 형체를 드러내기 시작한다. 한계를 통해서야 비로소 거장은 자신을 드러낸다.

거장은 모든 가능성을 붙잡지 않는다. 오히려 본질이 아닌 것들을 차분히 내려놓는 일에 더 많은 힘을 쓴다. 그 절제가 재능의 윤곽을 또렷하게 만든다.

21

시작하지 않은 꿈은
영혼의 독이 된다

시작하지 않은 꿈은 영혼을 갉아먹는 독이 된다. 아무것도 시도하지 않는 자는 실패하지 않겠지만, 결코 존재하지도 않을 것이다. 망설임은 영혼을 부식시키는 녹이다.

생각하는 것은 쉽고 행동하는 것은 어렵다. 그러나 자신의 생각을 행동으로 옮기는 것이야말로 세상에서 가장 어려운 일이다.

행동하지 않는 사유는 결국 자기 자신을 소모시킨다. 시작하지 않은 진리는 아직 진리가 아니다. 그러므로 무모해 보이는 작은 결단이 위대한 일의 시작임을 잊지 마라.

22

모든 시작은
자기 확신과의 싸움이다

첫 번째 문장을 쓰는 자가 책 한 권을 지배한다. 모든 시작은 외부의 불확실성과의 싸움이 아니라, 내면의 자기 확신과의 싸움이다.

자신을 믿는 순간, 당신은 이미 어떻게 끝을 맺어야 할지도 알게 된다. 시작의 에너지는 지성의 계산이 아니라 의지의 영역에서 솟구친다.

시작하라. 그러면 자연은 당신의 확신에 맞게 세상의 모든 조각을 재배치할 것이다. 우리 인생의 마법은 요행이 아니라, 흔들리지 않는 확신이 현실을 뚫고 나갈 때 일어나는 필연적인 결과다.

2장

머릿속에만 머무는 생각은 우리를 허무와 의심에 빠뜨릴 뿐입니다. 인생의 모든 정답은 오직 뜨거운 활동과 실천의 현장에서만 발견할 수 있습니다. 거창한 미래를 꿈꾸기보다 오늘 나에게 주어진 사소한 의무부터·묵묵히 다해 보세요. 성실하게 움직이는 손끝에서 영혼의 안개가 걷히고, 비로소 삶의 황금빛 나무가 푸르게 자라납니다. 활동은 우리의 인격이 부패하지 않도록 지켜주는 가장 신성한 생존 방식입니다.

활동

_ 인생의 모든 정답은 행동에 있다

23

당신의 의무는
오늘이 요구하는 과업이다

당신의 의무란 무엇인가? 그것은 바로 오늘이라는 시간이 당신에게 요구하는 과업이다. 멀리 있는 거창한 이상을 쫓기보다, 지금 당장 손끝에 닿는 일을 완수하라.

오늘의 의무를 다하는 자만이 내일의 주인이 된다. 사소해 보이는 일일지라도 그것을 끝까지 해내는 습관이 인격을 만든다. 작은 일에 성실한 자는 큰일에서도 흔들리지 않는 법이다.

그러니 질문하라. '오늘 내가 완수해야 할 최소한의 질서는 무엇인가?' 그 대답에 몸을 던지는 순간, 당신의 삶은 비로소 공허한 방황을 멈추고 궤도에 오르게 된다.

24

오직 행동을 통해서만
자신을 알 수 있다

인간은 관찰이나 사색이 아니라 오직 행동을 통해서만 자기 자신을 알 수 있다. 거울 속의 자신을 아무리 들여다본들, 당신이 무엇을 감당할 수 있는지 그 거울은 말해주지 않는다.

그대의 의무를 진심으로 다하라. 그러면 그대가 누구인지 곧 알게 될 것이다.

자신을 발견하고 싶은가? 그렇다면 지금 당장 세상이라는 현장으로 나아가라. 당신의 손이 더러워지는 만큼 당신의 영혼은 명료해질 것이며, 행위가 쌓이는 만큼 존재의 밀도는 높아질 것이다.

25

인생의 허무를 치료하는
유일한 처방은 활동이다

인생의 허무를 치료하는 유일한 약은 '오늘의 의무'에 몰입하는 활동이다. 쉼 없이 일하는 태도는 다음 형태의 삶까지 요구할 자격이 된다. 활동하지 않는 지식은 죽은 시체와 같으며, 영혼의 무게만 더할 뿐이다.

나에게 가장 큰 기쁨은 무엇인가를 완성했을 때가 아니라, 무언가를 격렬하게 하고 있을 때다. 활동은 모든 미덕의 기초이며, 모든 성취의 어머니이다. 지속적인 활동만이 인격의 부패를 막는 유일한 여과 장치다.

그러니 머뭇거리지 마라. 움직임이 멈추는 곳에서 허무는 자라나고, 활동이 시작되는 곳에서 생명은 약동한다.

26

주도적으로 움직이지 않으면 환경의 조롱거리가 된다

주도적으로 움직이지 않는 자는 환경의 조롱거리가 될 뿐이다. 환경은 변명이 될 수는 있어도, 실패의 원인이 될 수는 없다. 인간은 상황 속에 던져지지만, 그 상황을 대하는 태도는 스스로 선택하는 것이다.

스스로 자기 삶의 입법자가 되어라. 외부에서 던져지는 비난에 매번 반응하는 것은, 자신의 에너지를 불필요하게 흩어놓는 일이다. 자기 삶을 주체로 살지 않으면 세계가 당신의 주인이 된다.

상황을 이기려 하기보다, 상황 속에서도 자기 자신을 잃지 않는 활동을 선택하라. 중심을 잃지 않는 사람은 결국 상황을 이기기보다, 상황을 자신의 도구로 삼아 앞으로 나아간다.

27

나의 한계를 받아들일 때 유능함이 시작된다

자신을 제한하는 법을 아는 자만이 유능해질 수 있다. 한계를 인정하는 것은 무능함의 증명이 아니라, 진정한 힘을 집중시키기 위한 거장의 선택이다. 모든 가능성을 붙잡으려는 자는 결국 아무것도 손에 쥐지 못한다.

정해진 틀 안에서 최선을 다하는 활동만이 무질서한 열정을 위대한 작품으로 승화시킨다. 유능함이란 자신이 할 수 있는 일과 할 수 없는 일을 명확히 구분하는 통찰에서 온다. 할 수 있는 일에 모든 에너지를 쏟아붓는 것, 그것이 승리의 유일한 비결이다.

28

오늘이라는 날에
당신의 모든 힘을 쏟아라

오늘이라는 날은 당신에게 주어진 유일한 영토다. 내일로 미루는 행위는 현재의 생명력을 갉아먹는 좀벌레와 같다. 오늘 할 수 있는 일을 내일로 미루는 자는 자신의 운명을 타인에게 맡기는 자다.

매 순간 당신 자신을 진심으로 존경하고 예우하라. 오늘의 질서를 세우는 일이 모든 승리의 시작이다. 시간을 잃어버리는 것은 혈관에서 피가 빠져나가는 것과 같다.

지금 당장 손에 잡히는 과업부터 시작하라. 오늘 내린 결단과 활동이 내일의 당신을 창조한다. 미래는 기다리는 자의 것이 아니라, 오늘 첫 문장을 써내려가는 자의 것이다.

29

생각하는 것은 쉽지만
행동하는 것은 어렵다

생각하는 것은 쉽고 행동하는 것은 어렵다. 하지만 자신의 생각을 행동으로 옮기는 것이야말로 세상에서 가장 어려운 일이다. 아무리 훌륭한 계획도 실천이라는 문을 통과하지 않으면 한낱 공상에 불과하다. 지혜의 완성은 깨달음이 아니라 그 깨달음을 삶으로 번역해내는 용기에 있다.

행동하지 않는 사유는 결국 자기 자신을 소모시킬 뿐이다. 진정한 활동가는 머릿속의 안개를 걷어내고 지금 당장 손발을 움직여 실체를 만든다. 행동은 모든 의심을 잠재우는 유일한 불꽃이며, 존재의 가치를 증명하는 가장 확실한 수단이다.

30

비판은 쉽지만
창조는 어렵다

말하는 것은 쉽고, 행동하는 것은 어렵다. 비판하는 자는 늘 많지만, 직접 흙을 묻히며 집을 짓는 자는 드물다. 타인의 오류를 지적하는 지적 유희에 빠지지 마라. 그것은 생성의 에너지를 낭비하는 일이다.

당신이 무언가를 비판하고 싶다면, 먼저 더 나은 대안을 행동으로 보여라. 창조적인 활동만이 비판의 목소리를 잠재우는 유일한 방법이다.

비겁한 자는 뒤에서 비웃고, 용기 있는 자는 앞에서 행한다. 그러니 평론가의 자리를 버리고 실행가의 자리로 내려앉아라. 세계는 말의 성찬이 아니라 행동의 축적으로 이루어져 있다.

31

목적지에 가는 방법은
쉬지 않고 걷는 것이다

자연의 거대한 수레바퀴는 단 한 순간도 멈추는 법이 없다. 당신의 활동 또한 그래야 한다. 큰일을 이루려면 요란하게 서두르지 말고, 다만 끈기 있게 지속하라. 서두름은 실수를 낳아 공든 탑을 무너뜨리고, 멈춤은 영혼에 녹을 만들어 생성의 동력을 앗아간다.

지속하는 힘이 화려한 재능보다 위대하다. 끈기 있는 활동이야말로 평범한 인간을 거장으로 만드는 유일한 연금술이다.

작은 성취에 자만하지 말고, 작은 실패에 절망하지 마라. 인생은 단거리 경주가 아니라 끝없는 생성의 과정이다.

32

가장 유능한 자는
가장 활동적인 자다

가장 유능한 자는 늘 배우는 자가 아니라 늘 행동하는 자다. 지식은 행동을 위한 도구일 뿐, 결코 그 자체가 목적이 될 수 없다. 유능함은 교실이 아니라 실전의 현장에서 완성된다.

당신이 가진 지식을 행동의 에너지로 전환하라. 쓰이지 않는 재능은 녹슬어 사라지지만, 쓰이는 재능은 갈수록 예리해진다. 활동은 잠들어 있는 당신의 가능성을 깨우는 유일한 타격이다.

망설임을 버리고 활동의 현장으로 뛰어들어라. 유능함은 타고나는 것이 아니라, 수많은 시행착오와 활동 끝에 얻어지는 훈장이다. 움직이는 자만이 얻을 수 있는 명예다.

33

타인의 장단에 맞추느라
생명력을 낭비하지 마라

자신에게 주도적으로 과업을 부여하지 못하는 자는 평생 타인의 필요를 채워주는 보조자로 남을 뿐이다. 스스로 활동의 질서를 세우고 그것을 밀어붙이는 힘을 길러라. 주도적인 활동은 환경의 노예에서 벗어나 자유의 영토로 나가는 첫 번째 관문이다.

진정한 자유는 단순히 구속이 없는 상태가 아니라, 자신의 에너지가 헛된 곳으로 흩어지지 않게 장악하는 힘에서 나온다. 타인의 장단에 맞춰 춤추느라 소중한 생명력을 낭비하지 마라. 당신의 욕망과 게으름에게 준엄하게 명령하고 실행하라. 스스로 활동의 법을 세우고 지킬 때, 당신은 비로소 자기 인생이라는 무대의 당당한 주인이 된다.

34

움직이는 손이
멈춘 머리보다 지혜롭다

의심은 사색의 늪에서 자라고, 확신은 활동의 빛 속에서 태어난다. 고민이 당신을 짓누를 때, 해결책을 머릿속에서 찾지 말고 손끝에서 찾아라. 움직이는 손이 멈춰 있는 머리보다 지혜롭다.

활동은 영혼의 안개를 걷어내는 태양과 같다. 일단 일을 시작하면, 보이지 않던 길들이 거짓말처럼 눈앞에 펼쳐진다.

그러니 불확실성 앞에서 뒷걸음질 치지 마라. 대담하게 행동으로 뛰어드는 순간, 우주는 당신의 결단에 반응하여 조력자를 보내줄 것이다. 활동은 기적을 부르는 가장 확실한 주문이다.

35

결과는 하늘에 맡기고,
과정의 성실함에 집중하라

위대한 성취는 결과에 대한 탐욕이 아니라, 과정에 대한 몰입에서 나온다. 오늘 내딛는 한 걸음의 진실함이 마침내 산을 넘게 한다.

행위의 순수함은 그 자체로 보상이다. 외부의 칭찬이나 보상을 바라고 하는 활동은 노예의 노동이며, 스스로를 만족시키는 활동은 황제의 유희다. 당신의 만족은 오직 완벽한 활동 그 자체에 있어야 한다.

결과에 휘둘리지 마라. 씨를 뿌리는 자의 즐거움을 누려라. 수확의 때는 자연이 결정할 것이나, 씨를 뿌리는 활동은 오직 당신의 몫이다. 결과는 하늘에 맡기고, 그대는 오직 과정의 성실함에만 집중하라.

36

활동 중에 만나는 시련은
장벽이 아니다

폭풍우가 치는 바다는 노련한 사공을 만든다. 평탄한 길만을 걷는 자는 근육을 얻을 수 없다. 활동 중에 만나는 시련은 당신을 막아서는 장벽이 아니라, 당신의 의지를 시험하는 리트머스 시험지다.

고난 속에서도 묵묵히 자신의 과업을 수행하라. 시련의 무게가 무거울수록 당신의 활동이 만들어내는 결과물은 더욱 견고해진다. 진정한 거장은 절망적인 상황에서도 결코 붓을 놓지 않는다.

역경을 환영하라. 결국 고통은 지나가고, 남는 것은 당신이 그 고통을 뚫고 완수한 활동의 흔적뿐이다.

37

당신의 가치를 입이 아닌
결과물로 증명하라

말이 많은 자는 대개 행함이 적고, 행함이 깊은 자는 대개 말이 적다. 요란한 빈 수레가 되지 마라. 당신의 가치는 입술이 아니라 결과물로 증명되어야 한다.

침묵 속에서 치열하게 활동하라. 당신의 성취가 세상에 드러날 때, 당신의 침묵은 가장 웅변적인 목소리가 될 것이다. 허영심은 활동의 순도를 떨어뜨리는 불순물이다.

자랑하려 들지 마라. 오직 정교하고 완벽한 활동에만 몰두하라. 거장은 자신의 작품 뒤로 숨으며, 범인은 자신의 이름 앞에 선다. 당신의 활동이 당신을 대신해 말하게 하라.

38

공동체를 위한 활동이
개인을 완성한다

인간은 사회적 존재이며, 타인과 연결된 활동을 통해서만 완성된다. 오직 자신만을 위한 활동은 고립된 섬과 같아 쉽게 무너진다. 타인의 고통을 덜어주거나 세상을 이롭게 하는 활동에 눈을 돌려라.

협력은 생성의 에너지를 증폭시키는 촉매제다. 혼자서 갈 수 있는 길은 짧지만, 함께 가는 길은 영원하다. 당신의 유능함을 공동체의 질서를 위해 기꺼이 내놓아라.

이기심의 감옥에서 벗어나라. 세상이라는 거대한 정원에서 그대가 맡은 한 귀퉁이의 꽃밭을 가꾸어라. 그 활동이 당신을 더 넓은 세계와 연결해줄 것이다.

39

활동하는 영혼에게는 노화가 침범할 자리가 없다

죽음은 정지이며, 삶은 끝없는 활동이다. 육체가 쇠락할지라도 정신의 활동을 멈추지 않는다면, 당신은 매 순간 영원을 살고 있는 것이다. 활동하는 영혼에게는 노화가 침범할 자리가 없다.

마지막 순간까지 펜을 들고, 마지막 순간까지 세상을 관찰하라. 생성의 흐름 속에 몸을 맡기고 끊임없이 낡은 자신을 갱신하라.

생의 마지막 페이지를 쓰는 순간까지 질문하라. '나는 지금 무엇을 생성하고 있는가.' 활동하는 인간은 죽음을 두려워하지 않는다. 이미 수많은 활동 속에서 영원의 조각들을 맛보았기 때문이다.

40

지식은 체험될 때
비로소 피와 살이 된다

체험하지 않은 지식은 머리 위의 먼지와 같다. 바람 한 번에 날아갈 가벼운 정보에 목매지 마라. 진정한 앎은 고통스럽게 활동하며 몸소 겪어낸 것들뿐이다.

책 속의 글자를 믿기보다 당신의 손바닥에 잡힌 감각을 믿어라. 실천을 통해 증명된 지식만이 위기 상황에서 당신을 구원할 칼날이 된다. 활동은 관념의 껍데기를 깨고 실재의 핵심으로 들어가는 도끼다.

읽는 것을 멈추고 행하라. 듣는 것을 멈추고 보라. 당신의 삶이라는 실험실에서 직접 검증해낸 것들만이 당신의 인생을 지탱하는 진정한 자산이 될 것이다.

41

눈앞의 일을 사랑해야
소명을 찾을 수 있다

특별한 소명을 찾기 위해 방황하지 마라. 지금 당신의 책상 위에 놓인 그 일이 바로 당신의 소명이다. 작은 일이라도 사랑을 담아 처리할 때, 비로소 위대한 활동의 문이 열린다.

현재의 과업을 가볍게 여기는 자는 결코 더 큰 과업을 맡을 자격이 없다. 활동의 가치는 일의 크기가 아니라, 그 일을 대하는 마음의 깊이에서 결정된다.

주어진 모든 순간에 정성을 다하라. 하찮은 활동이란 존재하지 않는다. 하찮은 태도만이 존재할 뿐이다. 당신이 오늘 뿌린 성실의 씨앗이 내일의 기적을 꽃피울 것이다.

42

창조적 활동을 통해
인간은 신과 조우한다

당신의 재능을 썩히지 마라. 그것은 세상을 더 아름답게 만들라고 부여받은 신성한 도구다. 활동을 통해 세상에 기여할 때, 당신은 비로소 당신을 창조한 세상과 화해하게 된다.

무언가를 새로이 만들어내는 활동은 신의 영역에 참여하는 경건한 행위다. 그러므로 끊임없이 창조하라. 파괴보다 건설에, 비난보다 칭찬에 당신의 에너지를 쏟아라.

창조하는 인간은 결코 고립되지 않으며, 이 세상의 근원적인 생명력과 언제나 연결되어 있다.

43

활동 방향이 잘못되었다면
즉시 수정하라

무모한 질주는 용기가 아니라 만용이다. 활동의 방향이 잘못되었다고 느껴질 때는 잠시 멈춰 서서 나침반을 확인하라. 성찰 없는 활동은 눈 먼 말의 질주와 같다.

잘못을 인정하는 것은 수치가 아니라 지혜다. 어제의 고집을 버리고 오늘의 진실을 따르는 결단이야말로 가장 높은 수준의 활동이다. 유연함은 굳건한 의지보다 더 강한 힘을 발휘한다.

언제나 깨어 있어라. 자신의 활동을 객관적으로 응시하고, 필요하다면 과감하게 궤도를 수정하라. 올바른 방향으로 걷는 한 걸음이 잘못된 방향으로 뛰는 천 걸음보다 값지다.

44

죽는 순간까지 활동하라,
그것이 존재의 찬가다

"더 많은 빛을!" 마지막 숨을 거두는 순간까지 우리는 더 많은 빛을 갈망하며 활동해야 한다. 인간은 존재의 순환을 온전히 완수해야 할 의무가 있다.

생동하는 것을 붙잡으려면, 당신 스스로가 활동의 흐름 속에 있어야 한다. 삶은 발견하는 것이 아니라 스스로 만들어가는 것이다. 그러므로 우리는 죽는 날까지 미완성의 존재로 활동해갈 뿐이다.

활동은 존재의 완성이 아니라 존재의 끊임없는 갱신이다. 쉼 없이 활동하는 태도는 다음 형태의 삶까지 요구할 자격이 된다. 그러니 마지막 순간까지 활동하라, 그리고 존재하라. 그것이 인간에게 주어진 유일한 명령이다.

3장

삶은 주어진 것을 수동적으로 받아들이는 것이 아니라, 자신을 정교하게 깎아 나가는 예술입니다. 우리는 매일의 선택을 통해 나라는 원석을 다듬어 고유한 형상을 만들어가는 조각가입니다. 배움은 단순히 지식을 채우는 것이 아니라, 사랑하는 대상을 닮아가는 성스러운 과정입니다. 자신의 한계를 인정하고 본질이 아닌 것들을 덜어낼 때, 비로소 거장의 품격이 드러납니다. 죽는 순간까지 멈추지 않는 자기 쇄신만이 우리를 진정한 인격의 완성으로 인도합니다.

형성

_ 인생은 자신을 조각하는 예술이다

45

행위보다 중요한 것은
그 사람의 본질이다

성취는 바깥에서 오는 횡재가 아니라, 안에서 차오른 인격의 결과물이다. 자기 자신을 조각하는 일을 멈추는 순간, 성취의 문도 함께 닫힌다.

그러므로 행위보다 중요한 것은 그 행위를 하는 사람의 본질이다. 실체가 없는 명성은 바람에 날리는 겨와 같으나, 단단하게 구축된 인격은 그 자체로 세상을 압도하는 무언의 웅변이 된다.

말은 빠르지만, 사람은 말의 속도로 자라지 않는다. 자기를 닦아 내면의 밀도를 높인 자만이 비로소 존재 자체로 자신의 가치를 증명한다.

46

인간은 매일 조금씩 자신을 조각하는 예술가다

인간은 매일 조금씩 자신을 조각해나가는 예술가와 같다. 완성이란 멈추는 것이 아니라 끊임없이 쇄신하는 과정이다. 어제의 모습에 안주하는 것은 조각가가 정을 내려놓는 것과 같다.

형성은 단번에 이루어지지 않는다. 불필요한 욕망을 깎아내고, 흩어진 재능을 모아 하나의 형상을 만드는 지루한 반복 속에서 인격은 서서히 드러난다.

고통스러운 깎임의 시간을 견뎌라. 매 순간 자신을 갱신하라. 낡은 허물을 벗지 못하는 생명은 안쪽에서부터 굳어버린다. 조각의 완성은 형태를 더하는 데 있지 않고, 본질이 아닌 것을 걷어내는 데 있다.

47

사랑하는 것으로부터
우리는 배운다

지식은 머리로 수집되지만, 형성은 가슴으로 받아들인 것들에 의해 이루어진다. 인간은 오직 자신이 사랑하는 것으로부터만 진정으로 배운다. 사랑이 없는 배움은 영혼에 뿌리를 내리지 못한다.

무엇을 사랑하느냐가 그 사람이 누구인지를 결정한다. 고귀한 대상을 사랑하는 자는 고귀하게 변모하고, 천박한 것을 탐하는 자는 그 스스로 천박해진다.

교조적인 가르침보다 무서운 것은 감동이 없는 지식이다. 당신의 영혼을 떨리게 하는 대상을 찾아라. 그 떨림이 당신이라는 존재의 결을 바꾸고, 비로소 고유한 인격의 문양을 만들어낼 것이다.

48

안락한 방에만 머무르면
단단한 인격을 가질 수 없다

고독과 소란을 모두 환영하라. 고독 속에서 당신의 고유함을 응축하고, 소란 속에서 그 고유함이 부러지지 않는지 시험하라. 형성의 완성은 이 두 세계의 균형에 있다.

안락한 방 안에만 머무는 자는 결코 단단한 인격을 가질 수 없다. 거친 현실의 파도에 몸을 부딪쳐라. 그 마찰의 고통이 당신이라는 원석을 가장 눈부신 보석으로 연마해줄 것이다.

49

삶의 규율이 있어야
인격도 형태를 얻는다

지나친 자유는 방종이 되어 인간을 흩어지게 하지만, 스스로 부여한 규율은 인간을 형성시킨다. 자신이 할 수 있는 것과 해서는 안 되는 것을 명확히 가르는 것이 지혜의 시작이다.

무분별한 확장은 형성의 적이다. 스스로 정한 한계 안에서 에너지를 집중할 때, 존재의 농도는 짙어진다.

그러므로 제한을 두려워하지 마라. 캔버스의 틀이 있어야 그림이 완성되듯, 삶의 규율이 있어야 인격도 형태를 얻는다. 스스로 세운 법을 엄격히 지키는 자만이 진정한 거장의 품격을 얻는다.

50

형성의 시작은
내 무지를 인정하는 용기다

자신의 무지를 인정한다는 것은 부족함을 고백하는 일이 아니라, 새로운 형태를 받아들일 공간을 만드는 일이다. 무엇이든 다 알고 있다고 믿는 순간, 당신의 형성은 거기서 멈춘다.

비어 있는 그릇만이 물을 담을 수 있듯, 마음에 여백이 있을 때 배움은 다시 시작된다. 스스로를 초심자의 자리에 두는 사람만이 오래 배우고 오래 생성될 수 있다.

그러므로 확신이라는 감옥에서 걸어 나와라. 질문을 멈추지 않는 태도가 당신의 영혼을 늙지 않게 만든다.

51

묵묵한 수행의 시간을 통해
잠재력이 발현된다

씨앗 속에 이미 나무가 들어 있듯이, 인간의 잠재력은 이미 당신 안에 존재한다. 그러나 그 잠재력이 형상을 얻기 위해서는 지루하고도 묵묵한 수행의 시간이 꼭 필요하다.

서둘러 꽃을 피우려 하지 마라. 뿌리가 깊지 않은 식물은 태양 아래 금세 시들기 마련이다. 안으로 내실을 다지는 시간은 낭비가 아니라, 나중에 맞이할 거대한 성장을 지탱할 힘을 기르는 과정이다.

그러니 오늘 반복하는 작은 노력을 가볍게 여기지 마라. 매일 쌓이는 성실함이 당신이라는 존재의 지층을 만든다. 형성의 기적은 어느 날 갑자기 일어나는 것이 아니라, 쌓인 시간의 필연적인 결과다.

52

타인은 나를 형성하는
가장 맑은 거울이다

사람은 오직 사람 사이에서만 인간으로 형성된다. 타인은 당신이 미처 보지 못한 당신의 뒷모습을 비추는 거울이다. 그 거울을 통해 당신의 모난 구석을 발견하고 다듬는 것이 사회적 형성의 본질이다.

고결한 사람은 고결한 사람을 끌어당긴다. 당신 주변 사람들은 현재 당신의 인격이 도달한 좌표를 보여준다. 좋은 사람을 곁에 두고 싶다면, 먼저 당신이 그들에게 영감을 주는 거울이 되어라.

관계의 갈등을 회피하지 마라. 타인과의 부딪힘은 당신의 날카로운 자아를 둥글게 깎아내고, 타인에 대한 이해는 당신의 그릇을 넓히는 기회가 된다. 조화 속에서 부분은 비로소 완성된다.

53

형성의 주권은
오직 당신의 손에 있다

인간은 자신이 선택한 것들의 총합이다. 오늘의 당신은 과거에 내린 수많은 선택의 결과물이며, 내일의 당신은 지금 이 순간의 선택으로 빚어진다. 형성의 주권은 오직 당신의 손에 있다.

비겁한 타협을 할 것인가, 고통스러운 정직을 택할 것인가. 이 사소한 갈림길에서의 선택이 쌓여 당신의 인격이라는 성벽이 된다. 한 번의 거창한 선언보다 매일의 사소한 태도가 더 강력하다.

선택의 무게를 무겁게 느껴라. 당신이 내리는 결정 하나하나가 당신의 영혼에 지울 수 없는 흔적을 남긴다는 사실을 기억하라. 고결한 선택을 반복하라. 그것이 평범한 인간을 거룩한 존재로 변모시키는 유일한 길이다.

54

매 순간 자신을 쇄신해야
매일이 축제가 된다

이전의 습관, 낡은 생각, 편안한 안주를 과감히 불태워라. 그 재 위에서만 더 높은 차원의 영혼이 솟아오른다. 상실과 고통은 새로운 생성을 위한 필연적인 산고다.

변화를 두려워하지 마라. 당신이 가진 것을 잃는 것이 아니라, 당신이 아닌 것을 덜어내는 과정이다. 매 순간 자신을 쇄신하는 자에게만 삶은 날마다 새로운 축제가 된다.

55

순간의 충동을
억제하는 연습을 멈추지 마라

진정한 교육은 지식을 주입하는 것이 아니라, 스스로를 다스리는 힘을 길러주는 것이다. 자기 자신에게 명령할 줄 모르는 자는 아무리 많이 배웠어도 노예의 삶을 벗어나지 못한다.

인격의 완성이란 감정의 소용돌이 속에서도 이성의 중심을 잃지 않는 상태를 말한다. 외부의 자극에 즉각 반응하지 않고, 자신의 원칙에 따라 행동을 선택하는 능력이 바로 품격이다.

스스로를 훈련하라. 어려운 과업을 끝까지 완수하고, 순간의 충동을 억제하는 연습을 멈추지 마라. 자신을 통제할 수 있는 자만이 운명의 고삐를 쥘 자격을 얻는다.

56

선을 행함으로써
자신을 완성하라

고귀한 인간은 도움이 되게, 선하게 살아야 한다. 그것이 인간을 다른 존재와 구분하는 유일한 증거다. 선한 행위는 타인을 돕는 일인 동시에, 자신의 영혼을 맑게 닦는 형성의 과정이다.

입으로 정의를 논하기보다 손으로 실제 선을 행하라. 말은 허공에 흩어지지만, 행위는 당신의 인격 속에 단단히 박혀 빛을 발한다. 타인에게 건넨 따뜻한 배려가 결국 당신이라는 집의 초석이 된다.

선량함은 나약함이 아니라, 강한 의지에서 나오는 선택이다. 악한 세상 속에서도 선을 유지하려는 분투가 당신의 인격을 가장 아름답게 조각한다. 한 인간의 고귀함은 결과가 아니라 태도다.

57

예술은 인간의 거친 본성을
고결하게 다듬는다

예술은 인간의 정신을 평범함에서 건져올려 고귀함으로 이끈다. 아름다움을 느끼고 창조하는 경험은 거친 본성을 다듬고 영혼의 지평을 넓히는 가장 강력한 형성의 도구다.

매일 적어도 노래 한 곡, 좋은 시 한 편, 좋은 그림 하나를 보고 이성적인 말을 몇 마디 하라. 이러한 사소한 규율이 일상의 비루함에 찌든 당신의 영혼을 날마다 씻어내 줄 것이다.

아름다움에 반응하는 감각을 잃지 마라. 그것은 당신의 안쪽 세상을 풍요롭게 하며, 타인과 세상을 더 깊고 따뜻한 시선으로 바라보게 하는 지혜의 원천이 된다.

58

자신의 결함을
정직하게 바라봐야 한다

자신의 결함을 외면하는 자는 결코 앞으로 나아갈 수 없다. 거울 앞에 서서 당신의 추함을 정직하게 응시하라. 그 수치심과 아픔이야말로 당신을 더 나은 존재로 밀어올리는 동력이 된다.

남의 잘못을 지적하는 데 쓰는 시간을 당신의 그늘을 살피는 데 써라. 타인의 불행을 거울삼아 당신의 행보를 바로잡는 자가 현명한 자다.

자신의 부족함을 인정할 때, 비로소 무엇을 채워야 할지 분명해진다. 완벽함을 연기하지 마라. 정직한 미완성의 상태에서 자신을 깎아나가는 모습이 훨씬 더 아름답다.

59

환경은 형성의 재료일 뿐,
주도권은 항상 내면에 있다

인간은 상황 속에 던져지지만, 그 상황을 어떤 재료로 쓸지는 스스로 결정한다. 혹독한 환경은 누군가에게는 파멸의 이유가 되지만, 누군가에게는 인격을 연마하는 최고의 숫돌이 된다.

환경을 탓하는 동안 형성의 시간은 멈춘다. 주어진 조건 안에서 최선의 형상을 찾아내라. 바위틈에서도 꽃은 피어나며, 거친 폭풍우 속에서도 나무는 뿌리를 깊게 내린다.

당신의 내면이 단단하다면 외부의 소음은 당신을 흔들지 못한다. 상황의 주인이 되어라. 환경에 반응하는 자가 아니라, 환경을 통해 자신을 증명하는 자가 되어야 한다.

60

굳이 소리 높여
자신을 증명하지 마라

존재의 깊이가 깊어지면 침묵 속에서도 압도적인 힘이 느껴진다. 화려한 수식어로 자신을 포장하려 애쓰지 마라. 실체가 있는 인격은 그 자체로 세상을 설득하는 무언의 웅변이 된다.

말은 빠르지만 인격은 더디게 쌓인다. 그 시간이 쌓이지 않은 화려한 언어는 오히려 당신의 빈속을 비출 뿐이다. 묵묵히 결과를 만들고, 인격의 밀도를 높이는 일에만 전념하라. 당신이 어떤 사람인지 굳이 설명하지 않아도 세상은 당신의 행위와 태도를 통해 이미 당신의 본질을 읽어낸다.

<h1 style="text-align:center">61</h1>

안락함에 안주하지 말고,
방황 또 방황하라

인간은 노력하는 한 방황한다. 그러나 그 방황은 길을 잃는 것이 아니라, 당신에게 맞는 유일한 길을 찾아가는 과정이다. 방황하는 동안 당신은 당신의 한계와 욕망을 정직하게 마주하게 된다.

방황을 멈추지 마라. 안락함에 안주해 질문을 멈추는 순간, 당신의 정신은 굳어버린다. 기꺼이 길을 잃고 다시 찾는 반복 속에서 당신의 지도는 정교해지고 인격은 넓어진다.

방황의 흔적은 실패의 기록이 아니라 성장의 자취다. 방황하는 여정 자체가 당신을 만드는 가장 위대한 학교다.

62

상대를 지배하지 않고
형성하는 것이 사랑이다

사랑은 타인을 내 뜻대로 바꾸려 하는 지배가 아니다. 상대방이 가진 고유한 잠재력이 꽃피울 수 있도록 돕고 북돋워주는 형성의 활동이다.

누군가를 진심으로 사랑하면, 그 사람에게 걸맞은 존재가 되고 싶다는 갈망이 생긴다. 그 갈망이 나를 닦게 하고, 나를 성장시킨다. 사랑은 두 영혼이 서로를 조각해나가는 거룩한 예술이다.

관계를 소유로 착각하지 마라. 상대를 주어진 그대로 존중하고, 그가 스스로의 법칙에 따라 자라나도록 기다려주는 것이 사랑의 가장 높은 단계다. 사랑은 상대를 통해 나를 완성하는 길이다.

63

형성의 끝은
인류애와 연결되는 것이다

개별적인 재능은 그 자체로 완전할 수 없다. 그것이 전체를 이루는 한 조각임을 깨닫고, 더 큰 질서와 연결될 때 비로소 가치를 얻는다. 나를 넘어선 대의를 위해 재능을 쓸 때 형성은 완성된다.

스스로를 전체의 일부로 대하라. 당신의 성장이 타인의 고통을 덜어주는 일이 되어야 한다. 이기적인 완성을 추구하는 자는 결국 고립되어 소멸할 뿐이다.

거대한 흐름 속에서 자신의 악기를 정확히 연주하라. 당신의 인격이 세상이라는 교향곡의 아름다운 선율이 될 때, 당신의 삶은 개인의 한계를 넘어 영원한 가치를 얻게 된다.

64

매일의 작은 습관이
당신이라는 성벽을 쌓는다

거창한 결심보다 무서운 것은 반복되는 작은 습관이다. 당신이 오늘 하루를 어떻게 보냈는지가 당신이 어떤 인간인지를 말해준다. 사소한 일상의 규칙들이 모여 당신의 운명이라는 성벽을 이룬다.

자신을 방치하지 마라. 흐트러진 방을 정리하고, 약속을 지키고, 주어진 시간을 아끼는 작은 행위들이 당신의 내면 질서를 세운다. 밖이 어수선할수록 안의 질서를 단단히 붙잡아라.

성실함은 재능을 대신할 수 없지만, 재능이 흩어지지 않게 붙들어주는 유일한 힘이다. 매일의 작은 정돈이 당신의 영혼을 맑게 유지하고, 위대한 형성을 가능하게 한다.

65

명성에 취하지 말고,
실체의 밀도를 높여라

평판은 남들이 당신의 벽에 그려놓은 그림자일 뿐이다. 그림자의 크기에 일희일비하지 마라. 태양의 각도에 따라 그림자는 길어지기도 짧아지기도 하지만, 당신의 실체는 변하지 않는다.

중요한 것은 그림자의 길이를 재는 것이 아니라, 실체의 밀도를 높이는 일이다. 사람들이 당신을 어떻게 부르든 당신은 당신이 반복한 행위로 남는다. 허울은 빨리 무너지고, 실체는 오래 견딘다.

자신에 대한 평가를 외부의 입에 맡기지 마라. 스스로에게 부끄럽지 않은 기준을 세우고 그것을 지켜나가는 자만이, 세상의 찬사와 비난으로부터 진정한 자유를 얻는다.

66

과거의 나를 죽여야
새로운 존재로 거듭난다

어제의 나를 그대로 보존하려 하는 것은 성장을 거부하는 일이다. 새로운 단계로 나아가려면 반드시 낡은 자아의 죽음이 필요하다. 탈피하지 못하는 뱀은 죽고, 껍질을 깨지 못한 새는 태어나지 못한다.

익숙한 방식이 더 이상 통하지 않는 순간을 축복하라. 그것은 당신이 더 큰 그릇으로 변화해야 한다는 신호다. 과거의 영광을 껴안기보다, 새로운 고통을 맞이하러 나아가라.

변화는 불편하지만 필연적이다. 오늘의 시련은 당신을 파괴하기 위해서가 아니라, 당신의 새로운 형상을 빚기 위해 찾아온다.

4장

진정한 자유는 내 마음대로 사는 방종이 아니라, 스스로 세운 규율을 지키는 힘에서 나옵니다. 자신에게 명령할 줄 모르는 사람은 평생 타인과 환경의 노예로 살 수밖에 없습니다. 절제는 우리의 에너지가 흩어지지 않도록 모아주는 가장 단단한 성벽과 같습니다. 스스로 부여한 법칙 안에서 주권을 행사할 때, 인간은 비로소 흔들리지 않는 존엄을 얻습니다. 규율을 사랑하고 자신을 다스리십시오. 그 엄격함 속에 가장 자유로운 영혼이 깃듭니다.

자유

_스스로에게 법을 세울 때 존엄해진다

67

오직 법칙만이
우리에게 자유를 준다

모든 재능이 제멋대로 날뛰게 내버려 두는 것은 자유가 아니라 방종이다. 거장은 스스로를 제한하는 데서 그 솜씨를 드러내며, 오직 법칙만이 우리에게 진정한 자유를 준다.

무질서한 자유는 인간을 흩어지게 할 뿐이다. 스스로에게 법을 부여하고 그 울타리 안에서 주권을 행사하라. 경계가 없는 정원은 황무지가 되지만, 잘 다듬어진 담장 안의 꽃들은 가장 선명한 색을 발한다.

자유는 경계 밖으로 도망치는 것이 아니라, 경계 안에서 자신의 주권을 완벽하게 행사하는 일이다. 스스로 세운 법을 엄격히 지키는 자만이 비로소 존재의 존엄을 얻는다.

68

스스로 명령하지 못하면
평생 노예로 살게 된다

자기 자신을 다스리지 못하는 자는 평생 타인의 의지나 주변 환경의 노예로 살 수밖에 없다. 스스로 명령을 내리고 그 명령을 완수하는 훈련을 멈추지 마라.

자신에게 단호하게 명령하지 못하는 자는 영원히 하인으로 남을 뿐이다. 외부의 명령은 늘 바뀌고 변덕스럽지만, 안에서 스스로 세운 법은 오래도록 영혼을 지탱한다.

통제력은 타인을 설득하고 거친 환경을 장악하는 가장 강력한 기초가 된다. 자신을 이기는 자만이 세상을 이길 자격을 얻으며, 내면의 질서를 세운 자만이 운명의 고삐를 쥘 수 있다.

69

절제는 에너지를
한곳으로 모으는 깔때기다

재능이 많을수록 선택은 더 어려워지고, 에너지는 분산되기 쉽다. 할 수 있는 일이 많다는 사실이 오히려 당신의 방향을 흐리게 만든다. 그러므로 거장은 본질이 아닌 것들을 차분히 내려놓는 일에 더 많은 힘을 쓴다.

스스로에게 제한을 두는 순간, 에너지는 흩어지지 않고 비로소 한 방향으로 모인다. 그 절제가 재능의 윤곽을 또렷하게 만들고, 당신의 의지를 강철처럼 예리하게 연마한다.

모든 것을 시도하려는 태도는 넓어 보이지만 깊이가 없다. 반대로 무엇을 하지 않을지를 아는 사람은, 자신의 영역을 조용히 그러나 확실하게 무한한 우주로 넓혀간다.

70

스스로 부여한 규율에서
존엄이 탄생한다

인간은 스스로 세운 법을 지킬 때 비로소 짐승의 상태를 벗어나 신성에 가까워진다. 규율은 우리를 가두는 감옥이 아니라, 우리를 보호하는 성벽이다.

방만한 삶은 자유로워 보이지만 결국 불안의 늪으로 빠져든다. 인격의 고귀함은 말이 아니라 스스로 지켜낸 규율의 결로 드러난다.

자기 주권은 타인의 시선을 없애는 데서 오지 않는다. 그 시선이 있어도 흔들리지 않는 내면의 입법을 가질 때 찾아온다. 규율을 사랑하라. 그것이 당신의 존엄을 지키는 유일한 길이다.

71

습관 하나, 말 한마디에도
법도를 잃지 않아야 한다

거장의 솜씨는 화려한 수식에 있지 않고, 엄격하게 절제된 선 하나에 있다. 사소한 습관 하나, 무심한 말 한마디에서도 법도를 잃지 않는 것이 거장의 자세다.

작은 방종은 큰 무질서의 시작이다. 자신을 방치하지 말고, 일상을 조금씩 정돈하는 태도를 유지하라. 거창한 결심보다 중요한 것은 매 순간 반복 가능한 절제의 리듬이다.

절제는 차갑게 사는 일이 아니라, 뜨거운 열정을 지속 가능한 방식으로 담아내는 그릇이다. 그 그릇이 단단할 때 당신의 창조는 과장 없이 깊어지며 영원한 가치를 얻는다.

72

진정한 자유인은
스스로의 한계를 사랑한다

자유란 모든 구속에서 벗어나는 것이 아니라, 자신이 감당할 수 있는 한계를 스스로 설정하고 그 안에서 안식하는 능력이다. 한계를 모르는 욕망은 인간을 파멸로 이끄는 독이 되지만, 한계를 아는 의지는 인간을 거장으로 만든다.

그러므로 자신의 그릇을 먼저 파악하라. 한계 밖의 것을 탐하느라 현재의 주권을 포기하지 마라. 거장은 자신이 할 수 없는 일에 에너지를 낭비하지 않으며, 오직 할 수 있는 영역 안에서 무한한 깊이를 창조한다.

자유는 확장이 아니라 집중이다. 스스로 정한 테두리 안에서 최선을 다해야 한다.

73

규율은 영혼의 방황을 막는
단단한 닻이다

인생의 폭풍우 속에서도 흔들리지 않는 자유를 원한다면, 일상의 규율이라는 닻을 깊이 내려라. 규율이 없는 삶은 바람에 날리는 깃털 같아 작은 유혹에도 방향을 잃는다.

아무리 사소한 규칙이라도 그것을 스스로 세우고 지켜나가는 행위가 영혼에 질서를 부여한다. 밖이 혼란스러울수록 내면의 법도를 더욱 엄격히 세워라. 질서는 구속이 아니라, 당신을 지켜주는 가장 안전한 성벽이다.

매일의 반복을 우습게 여기지 마라. 규율을 지키는 습관이 쌓여 당신의 인격이라는 거대한 요새가 완성된다. 그 요새 안에서 당신은 그 누구에게도 방해받지 않는 진정한 자유를 누리게 된다.

74

절제된 말은 백 마디 말보다
훨씬 더 힘이 세다

말의 자유를 누리는 법은 침묵하는 법을 배우는 데 있다. 하고 싶은 말을 다 하는 것은 자유가 아니라 무절제다. 단어 하나하나에 책임을 지고, 꼭 필요한 순간에만 입을 여는 절제가 필요하다.

절제된 언어는 상대의 영혼에 더 깊이 박힌다. 과장된 수식어와 화려한 변명은 당신의 진실을 가릴 뿐이다. 거장은 말을 아낌으로써 자신의 의지를 더욱 선명하게 드러낸다.

침묵의 시간을 사랑하라. 안으로 다져진 생각만이 밖으로 나왔을 때 세상을 움직이는 힘을 갖는다. 절제는 당신의 말을 빛나게 하고, 당신의 존재를 더욱 고귀하게 만든다.

감정의 소용돌이 속에서도
평온을 유지하라

외부의 자극에 즉각 반응하는 것은 자신의 주권을 타인에게 넘겨주는 일이다. 비난에 화를 내고 찬사에 우쭐거린다면, 당신은 아직 타인의 시선이라는 감옥에 갇힌 노예일 뿐이다.

진정한 자유인은 자신의 감정조차 관찰의 대상으로 삼는다. 마음의 파동을 고요히 응시하며 이성의 중심을 잃지 않는 능력이 바로 자기 통제의 정수다. 격정 속에서도 스스로 법을 부여하라.

중심이 단단한 사람은 외부의 폭풍에 휘둘리지 않는다. 상황이 당신을 흔들도록 내버려두지 말고, 당신의 평온함으로 상황을 장악하라.

76

방종으로는 결코 행복에 도달하지 못한다

자신의 욕망이 시키는 대로만 사는 것은 자유로운 것이 아니라 욕망의 부림을 받는 것이다. 무절제한 쾌락 뒤에는 반드시 허무의 그림자가 따른다. 방종은 결코 영혼의 평화를 가져다주지 못한다.

진정한 행복은 절제의 필터를 거친 후에야 비로소 얻어진다. 스스로를 다스리는 고통은 잠깐이지만, 그 결과로 얻어지는 자유의 기쁨은 영원하다.

방탕함을 거부하고 단정한 삶을 선택하라. 삶의 밀도는 얼마나 많은 자극을 받았느냐가 아니라, 얼마나 많은 충동을 이겨내고 주권을 지켰느냐에 따라 결정된다.

77

스스로 세운 법 안에서만
창조는 빛을 발한다

무법한 본능은 깊이를 잃고 흩어지기 마련이다. 진실한 예술과 창조는 반드시 엄격한 법과 함께 가야 한다. 형식이 내용을 가두는 것이 아니라, 형식이 있기에 내용이 비로소 형체를 얻는다.

거장은 제멋대로 붓을 휘두르지 않는다. 정해진 규칙과 원리 안에서 치열하게 싸우며 자신만의 길을 찾아낸다. 그 한계와의 투쟁이 작품에 생명력을 불어넣고, 보는 이의 영혼을 흔드는 울림을 만든다.

자유로운 상상은 엄격한 규율이라는 토양 위에서만 비로소 열매를 맺는다. 스스로에게 엄격하라. 당신의 창조가 세상을 감동시키길 원한다면, 먼저 당신 자신의 욕망부터 법 아래에 두어라.

78

책임 없는 자유는
공허한 환상일 뿐이다

자신의 행위에 대해 책임을 지지 않으려는 자유는 비겁한 회피에 불과하다. 자유의 대가는 언제나 무거운 책임이다. 그 책임을 기꺼이 짊어질 준비가 된 자만이 자유를 논할 자격이 있다.

운명을 탓하지 마라. 당신의 선택이 오늘의 당신을 만들었음을 인정하라. 자기 책임을 받아들이는 순간, 당신은 비로소 상황의 피해자에서 자기 삶의 주인공으로 거듭난다.

주권자는 결코 변명을 늘어놓지 않는다. 결과가 어떠하든 자신의 선택을 껴안고 다음 행보를 결정한다. 그 단단한 책임감이 당신을 자유롭게 하며, 세상을 당신의 의지대로 움직이게 만든다.

79

소유는 때로 자유를
억압하는 감옥이 된다

너무 많은 것을 가지려 하지 마라. 소유하는 것들이 도리어 당신을 소유하게 될 것이다. 물건에 얽매이고 지위에 연연하는 순간, 당신의 영혼은 자유로운 비행을 멈추고 땅으로 추락한다.

가벼운 짐을 지고 걷는 나그네가 가장 멀리 갈 수 있다. 본질적이지 않은 것들을 과감히 덜어내라. 비어 있는 손만이 새로운 기회를 붙잡을 수 있고, 가벼운 영혼만이 더 높은 진리를 향해 솟아오를 수 있다.

절제는 소유의 욕구를 다스리는 지혜다. 필요 이상의 것을 거부하고 소박한 삶을 지향하라. 물질의 풍요보다 정신의 자유를 선택할 때, 당신은 비로소 진정한 풍요가 무엇인지 알게 될 것이다.

80

타인의 자유를 존중해야
나의 자유를 지킬 수 있다

자신의 주권이 소중하다면 타인의 주권 또한 존중하라. 타인을 억압하거나 내 뜻대로 바꾸려 하는 것은 자신의 자유를 스스로 파괴하는 행위다. 지배하려 드는 순간 당신 또한 지배의 사슬에 묶이게 된다.

진정한 주권자는 타인을 자기 방식대로 재단하지 않는다. 각자가 자신의 법칙에 따라 자라나도록 배려하고 기다려주는 것이 가장 고귀한 예의다. 존중은 자유를 공유하는 가장 아름다운 방식이다. 함께 자유로워지는 길을 찾아라. 타인의 성장을 돕는 활동이 결국 당신의 지평을 넓히고, 당신의 인격을 더욱 완성된 형태로 빚어줄 것이다.

81

결코 서두르지 않으며,
결코 멈추지 않는다

서두름은 마음의 법도를 잃었다는 증거이며, 멈춤은 생성의 의지를 놓았다는 신호다. 거장은 태양처럼 일정한 리듬으로 자신의 길을 간다. 조급함에 쫓기지 않고, 안일함에 빠지지 않는 절제가 필요하다.

시간의 노예가 되지 말고 시간의 주인이 되어라. 매 순간 정성을 다하되, 결과의 시점에 대해서는 의연하라. 지속하는 힘이야말로 재능을 뛰어넘는 최고의 실력이며, 진정한 자유로 가는 열쇠다.

활동의 밀도를 유지하라. 쉬지 않고 움직이는 것 같으나 그 안에는 깊은 정적이 흐르고, 정지해 있는 것 같으나 그 안에는 치열한 생성이 요동치는 경지. 그 조화로운 리듬 속에 거장의 자유가 있다.

82

유혹을 거절하는 힘이
당신의 인격을 정의한다

당신이 무엇을 받아들이느냐보다 무엇을 거절하느냐가 당신의 품격을 더 선명하게 보여준다. 달콤한 유혹과 쉬운 길을 단호하게 거절하는 용기가 바로 주권자의 표식이다.

"아니오"라고 말해야 할 때 침묵하지 마라. 자신의 원칙을 지키기 위해 손해를 감수하는 자만이 진정으로 자유롭다고 말할 수 있다. 타협은 일시적인 편안함을 주지만, 결국 당신의 영혼을 노예로 만든다.

거절의 힘을 길러라. 본질이 아닌 것들, 당신의 가치를 훼손하는 것들을 삶에서 걷어낼 때 당신의 본질은 더욱 눈부시게 빛난다. 절제는 거절의 예술이며, 자유는 그 거절 끝에 얻는 훈장이다.

고독은 나만의 법을 세우는
신성한 시간이다

타인과 섞여 있는 동안 당신의 법은 희미해지기 쉽다. 세상의 소음에서 잠시 물러나 고독의 시간으로 들어가라. 홀로 있는 시간이야말로 당신의 내면 질서를 점검하고 바로잡는 귀한 기회다.

고독은 외로움이 아니라, 자기 자신과 대화하는 가장 밀도 높은 소통이다. 그 안에서 당신은 타인의 기대가 아닌, 당신의 심장 소리에 귀를 기울이며 당신만의 법전을 다시 써 내려갈 수 있다.

자신과의 약속을 지켜라. 남이 보지 않는 곳에서도 스스로 세운 규율을 지키는 자가 진짜 주권자다. 고독 속에서 단련된 자만이 세상 밖으로 나왔을 때 그 어떤 바람에도 흔들리지 않는 자유를 보여줄 수 있다.

84

감각의 노예가 되지 말고,
이성의 지배자가 되어라

눈에 보이는 것, 귀에 들리는 것들에 마음을 빼앗기지 마라. 감각은 우리를 세상과 연결해주지만, 때로는 진실을 가리는 안개가 되기도 한다. 감각의 유희에 빠져 이성의 통찰을 잃는 것은 주권을 포기하는 행위다.

현상 뒤에 숨은 본질을 꿰뚫어보라. 일시적인 기분이나 충동에 삶을 맡기지 말고, 영원한 진리와 보편적인 법칙에 당신의 행동을 맞추어라. 이성이 다스리는 삶이야말로 가장 고차원적인 자유의 형태다.

내면의 소란을 잠재워라. 차가운 이성으로 상황을 분석하고 따뜻한 가슴으로 실천하라. 감정이 거칠게 날뛸 때 이성의 고삐를 당겨 길을 바로잡는 자가 진정한 인생을 살아갈 수 있다.

85

돈과 명예가 목적이 되면
자유는 사라진다

세상의 보상에 목매지 마라. 돈과 명예를 삶의 목적으로 삼는 순간, 당신은 그것들을 쥐고 있는 자들의 노예가 된다. 그것들은 당신의 활동을 돕는 도구일 때만 가치가 있다.

가장 큰 보상은 당신이 스스로 세운 법을 완수했다는 내면의 만족감이다. 외부의 찬사가 없어도 당신의 행위가 옳았다면 그것으로 충분하다. 거장은 세상의 평판보다 자신의 양심에 비친 모습을 더 중요하게 여긴다.

자유를 팔아 풍요를 사지 마라. 소박하더라도 당신의 뜻대로 사는 삶이, 화려하지만 남의 눈치를 봐야 하는 삶보다 백배 낫다. 독립된 영혼만이 진정으로 부유한 자다.

86

변화를 받아들여야만
더 큰 자유가 생긴다

규율이 곧 고집을 의미하는 것은 아니다. 진실이 변하고 상황이 바뀌었다면, 어제의 법을 고집하는 것은 도리어 부자유가 된다. 새로운 진실을 받아들이고 자신의 법을 갱신하는 용기가 필요하다.

유연함은 나약함이 아니라, 더 큰 질서에 자신을 맞추는 지혜다. 바위는 강하지만 깨지기 쉽고, 물은 부드럽지만 모든 것을 이겨낸다. 굳건한 중심을 유지하되 상황에 맞게 변용할 줄 아는 능력이 최고의 자유다.

과거의 자신에 갇히지 마라. 당신이 세운 법조차 당신의 성장을 가로막는다면 과감히 깨뜨려라. 형성은 끝없는 파괴와 재구성의 과정이며, 그 유연한 흐름 속에 진정한 자유가 살아 숨 쉰다.

배움은 편견의 감옥에서
해방되는 과정이다

무지는 가장 무서운 감옥이며, 편견은 그 감옥의 창살이다. 끊임없이 배우고 사유하는 활동은 당신의 시야를 넓혀 좁은 자아로부터 해방되는 유일한 길이다. 아는 만큼 당신의 세계는 넓어지고 자유로워진다.

자신과 다른 의견에 귀를 기울여라. 낯선 관점은 당신의 고정관념을 부수는 망치가 된다. 더 넓은 세계와 접속할수록 당신의 주권은 더 단단해지고, 당신의 자유는 더 보편적인 가치를 얻게 된다.

배움을 멈추는 순간 노화가 시작되고 부자유가 찾아온다. 세상의 신비에 호기심을 잃지 마라. 끊임없이 탐구하는 영혼에게는 그어떤 장벽도 장애물이 되지 못하며, 매 순간이 새로운 해방의 도약이 된다.

88

스스로를 감당하는 힘에서
인격의 존엄이 나온다

자신의 불행과 약점까지도 기꺼이 감당하라. 남을 탓하거나 운명을 원망하는 것은 자신의 주권을 포기하는 행위다. 고통조차 당신의 일부로 받아들이고, 그것을 이겨낼 법을 스스로 찾아내라.

자신을 불쌍히 여기는 마음을 버려라. 연민은 당신을 약하게 만들 뿐이다. 대신 당신 안에 잠들어 있는 강인한 입법자의 의지를 깨워라. 어떤 시련 앞에서도 '그럼에도 불구하고' 나아가는 태도가 주권자의 존엄이다.

자신을 감당할 수 있는 자만이 세계를 감당할 수 있다. 당신의 무게를 스스로 견뎌라. 그 묵직한 책임감이 당신을 대지 위에 굳건히 세워줄 것이며, 비로소 흔들리지 않는 자유의 무게를 가르쳐 줄 것이다.

89

스스로를 제한하는 자만이
진정으로 자유롭다

무절제한 상태에서 얻는 것은 자유가 아니라 방종에 의한 파멸이다. 진정한 자유인은 자신이 감당할 수 있는 한계를 스스로 설정하고, 그 법칙 안에서 안식을 누리는 사람이다. 거장은 오직 자신을 제한함으로써 그 솜씨를 드러내며, 스스로 세운 규율 속에서 가장 완벽한 해방을 맛본다.

경계가 없는 들판은 황무지가 되지만, 잘 다듬어진 울타리 안의 꽃들은 가장 선명한 색을 발한다. 법은 우리를 억압하는 사슬이 아니라, 우리의 에너지가 헛되이 흩어지지 않게 지켜주는 성벽이다.

스스로 부여한 한계 안에서 주권을 행사하라. 규율을 사랑하는 마음이 당신의 영혼을 가장 높은 곳으로 날아오르게 할 것이다.

5장

인간은 노력하는 한 방황하며, 그 방황은 우리가 살아 있다는 가장 확실한 증거입니다. 눈물 젖은 빵을 먹어보지 못한 사람은 인생의 깊은 맛과 신성한 힘을 결코 알 수 없습니다. 고통은 우리를 무너뜨리러 오는 적이 아니라, 불필요한 가짜를 벗겨내러 온 엄격한 스승입니다. 밤이 깊어질수록 하늘의 별이 선명해지듯, 시련이 깊을수록 당신의 가치는 눈부시게 빛납니다. 지금 겪고 있는 아픔은 더 높은 차원으로 나아가기 위해 반드시 치러야 할 생성의 산고입니다.

시련

_ 나를 죽이지 못한 고통은 힘이 된다

90

인간은 노력하는 한
계속 방황한다

인간은 노력하는 한 방황한다. 방황은 당신이 길을 잃었다는 증거가 아니라, 여전히 무언가를 갈망하며 나아가고 있다는 살아 있는 증거다. 아무런 길도 가지 않는 자는 결코 길을 잃지 않는다.

길을 잃는 순간마다 당신은 스스로에 대해 더 분명한 지도를 갖게 된다. 방황하는 여정 자체를 긍정하라. 방황의 끝에는 반드시 이전의 당신은 결코 알지 못했던 새로운 깨달음이 기다리고 있다.

끝까지 애쓰며 위를 향해 손을 뻗는 자를 하늘은 구원한다. 방황조차도 목적지가 있는 자에게는 과정이 된다. 그러니 두려워하지 말고 갈망하라, 그리고 기꺼이 방황하라.

91

눈물 젖은 빵을 먹어본 사람만이 인생을 안다

눈물 젖은 빵을 먹어보지 않은 자, 근심 속에 밤을 지새우며 침대 머리맡에서 울어보지 않은 자는 하늘의 신성한 힘을 알지 못한다. 고통은 우리를 파괴하러 오는 것이 아니라 우리의 본질을 깨우러 온다.

시련은 인간의 허위를 벗기고, 남겨야 할 것과 버려야 할 것을 가른다. 안락함 속에서는 결코 배울 수 없는 삶의 비법들이 고통의 시간 속에서는 명료하게 드러난다.

그러므로 슬픔을 외면하지 마라. 고통은 영혼을 정화하는 차가운 불꽃이다. 그 불꽃을 견뎌낸 자만이 타인의 아픔을 이해하고, 자신의 삶을 깊이 있게 긍정하는 법을 배운다.

92

시련은 불순물을 제거하고
본질을 드러낸다

고난은 우리를 파괴하러 오는 적이 아니다. 고난은 우리 영혼에 들러붙은 가짜 모습과 헛된 욕망을 씻어내기 위해 온 엄격한 세공사다.

안락함은 인간을 무디게 만들고 본질을 흐리게 하지만, 시련은 남겨야 할 것과 버려야 할 것을 명확히 갈라놓는다. 시련의 용광로를 거치지 않은 인격은 단단해질 수 없다.

폭풍우가 지나간 뒤에야 대기가 맑아지듯, 고통의 시간을 통과한 뒤에야 비로소 당신의 진짜 가치가 모습을 드러낸다. 지금 겪는 아픔은 당신을 깎아내리는 것이 아니라, 당신이라는 원석에서 불필요한 껍데기를 벗겨내 본질적인 광채를 찾아가는 과정이다. 그러니 시련을 피하지 말고 정면으로 응시하라.

93

고통이 지나가고 난 뒤에
남는 것은 단단한 태도다

고난을 겪는 동안 가장 경계해야 할 것은 자기 연민에 빠져 시야를 잃는 일이다. 현명한 자는 고통의 한복판에서도 잠시 걸음을 멈추고, 자신에게 닥친 시련을 마치 타인의 일인 양 차갑게 관조한다. 고통을 객관화할 수 있을 때, 인간은 비로소 상황의 노예에서 벗어나 자기 삶의 입법자로 거듭난다.

지나간 슬픔은 기억의 창고에 쌓이지만, 그것을 어떻게 해석하고 받아들였느냐는 당신의 인격이라는 무늬로 남는다. 시련이 휩쓸고 간 자리에 남는 것은 상처가 아니라 세상을 향한 당신의 단단하고도 깊은 태도다.

94

운명의 수레바퀴는 도는 한,
시련은 멈추지 않는다

운명은 정지한 사람에게가 아니라 움직이는 사람에게 얼굴을 보인다. 시련은 운명의 수레바퀴가 돌아가며 일으키는 먼지와 같다. 수레바퀴가 돌고 있는 한, 고통 또한 영원히 머물지 않는다.

지금 고통의 밑바닥에 있다면 기억하라. 수레바퀴는 반드시 다시 올라온다. 올라가 있을 때 자만하지 말고, 내려가 있을 때 절망하지 않는 평정심이 바로 주권자의 지혜다.

변화는 우주의 법칙이며, 시련은 그 변화의 한 조각일 뿐이다. 운명의 흐름에 저항하기보다 그 흐름을 타고 나아가라. 시련조차 당신을 완성하기 위한 필연적인 질서 속에 있음을 알아야 한다.

시련은 거장을 만드는
가장 날카로운 정이다

거장의 인격은 안락한 소파 위가 아니라 날카로운 시련의 정이 몸을 때리는 조각대 위에서 완성된다. 아픔이 없다면 인격의 윤곽은 결코 선명해질 수 없다.

조각가는 돌을 아끼기 위해 정질을 멈추지 않는다. 오히려 더 아름다운 형상을 위해 더 깊게 깎아낸다. 당신의 삶에 닥친 고통 역시 당신이라는 원석에서 불필요한 고집과 오만을 걷어내는 과정이다.

당신이 지금 깎여 나가고 있다면, 그것은 당신이 위대한 작품으로 변모하고 있다는 가장 확실한 증거다. 고통은 당신을 파괴하는 것이 아니라 완성한다.

묵묵히 견디는 인내는
수동적인 포기가 아니다

단순히 적을 향해 달려드는 저돌성이 아니다. 아무런 희망이 보이지 않는 긴 어둠 속에서 묵묵히 자리를 지키며 견디는 인내야말로 가장 높은 수준의 용기다.

인내는 수동적인 포기가 아니라 가장 역동적인 기다림이다. 씨앗이 땅 밑에서 봄을 기다리듯, 인내하는 자는 안으로 에너지를 응축하며 자신의 때를 준비한다.

서두름은 불신에서 오고, 인내는 확신에서 온다. 자신을 믿고 자연의 시간을 믿는 자만이 인내의 열매를 맛볼 수 있다. 견디는 자는 결국 이긴다. 인내의 끝은 언제나 새로운 생명이다.

97

잃어버린 것들을 애도하되
묵혀 있지 마라

상실은 생성의 또 다른 이름이다. 무언가를 잃었다는 것은 그 자리에 새로운 무언가가 들어올 공간이 생겼다는 뜻이다. 잃어버린 조각에 매달려 전체를 포기하는 우를 범하지 마라.

애도는 정직하게 하되, 과거의 잔해 속에 집을 짓지는 마라. 생성은 오직 현재라는 좁은 틈에서만 일어난다. 과거에 묶인 발로는 결코 미래로 걸어 들어갈 수 없다.

상실의 고통을 딛고 일어서라. 당신이 잃은 것은 껍데기일 뿐, 당신의 본질은 여전히 당신 안에 있다. 상실은 당신의 가치를 시험하는 시험지이며, 더 높은 차원으로 나아가기 위한 탈피의 의식이다.

98

불행은 내면의 질서를
바로잡는 기회다

불행이 찾아왔을 때 외부를 원망하는 것은 하책이다. 대신 당신의 내면 질서가 어디서부터 흐트러졌는지 살피는 것이 상책이다. 불행은 도망쳐야 할 재앙이 아니라 교정해야 할 신호다.

안이 무너지면 밖의 작은 바람에도 집은 흔들린다. 시련의 시기에 당신의 내면 성벽을 더 높고 단단하게 쌓아라. 밖이 어수선할수록 안의 규칙을 엄격히 세우고 흐트러진 마음을 정돈해야 한다.

내면의 질서를 회복한 자에게 외부의 불행은 더 이상 고통이 아니다. 그것은 단지 해결해야 할 과업일 뿐이다. 스스로를 바로 세우면 세계는 다시 당신의 의지대로 정렬된다.

99

시련의 한복판에서조차
유머를 잃지 않아야 한다

심각함은 때로 영혼을 경직시키고 시야를 좁게 만든다. 시련의 한복판에서조차 자신의 처지를 객관적으로 바라보며 웃을 수 있는 여유, 그것이 인간이 신에게서 받은 가장 위대한 방어기제다.

해학은 고통을 가볍게 만들고, 상황을 장악하게 한다. 자신의 비극을 희극으로 볼 수 있을 때, 당신은 더 이상 고통의 노예가 아니다.

너무 비장해지지 마라. 삶은 투쟁이기도 하지만, 한 편의 장엄한 연극이기도 하다. 자신의 배역을 충실히 수행하되, 가끔은 무대 밖으로 나와 관객의 눈으로 당신의 고난을 관조하라.

100

당신이 걸어가는 만큼
새로운 길이 생겨난다

남들이 닦아놓은 탄탄대로를 걷는 자는 결코 자신만의 길을 가질 수 없다. 방황하며 헤매는 동안 당신이 밟은 모든 발자국이 비로소 당신만의 유일한 지도가 된다.

길이 보이지 않는다고 해서 멈춰 서면 안 된다. 당신이 걷는 만큼 길이 생겨난다. 방황은 잘못된 선택이 아니라, 더 나은 선택을 위한 치열한 탐색이다. 미로 속에서 출구를 찾는 고통이 당신을 현자로 만든다.

방황의 시간을 긍정하라. 그 혼란스러운 여정 끝에 만나는 목적지는, 방황 없이 도달한 곳보다 수만 배 더 값진 의미를 지닌다. 당신은 길을 잃은 것이 아니라 길을 만들고 있는 것이다.

101

고통의 무게는
당신의 그릇만큼 주어진다

하늘은 감당할 수 없는 시련을 주지 않는다. 당신에게 닥친 시련의 무게가 무겁다면, 그것은 당신이 그만큼 큰 일을 감당할 수 있는 커다란 그릇이라는 증거다.

작은 그릇은 작은 시련에도 깨지지만, 큰 그릇은 큰 불길 속에서 더 단단하게 구워진다. 지금의 고통은 당신을 파괴하려는 목적이 아니라 당신의 용량(Capacity)을 넓히려는 목적이다.

자신의 무게를 묵묵히 견뎌라. 그 묵직한 책임감과 고통이 당신을 대지 위에 굳건히 세워줄 것이다. 시련을 견뎌낸 만큼 당신의 존재감은 깊어지고, 당신의 목소리는 힘을 얻게 된다.

고통으로 인해 생긴 상처는
빛이 들어오는 통로다

완벽하게 매끄러운 껍데기에는 빛이 스며들 틈이 없다. 고통으로 인해 생긴 마음의 균열과 상처는, 외부의 진리와 빛이 당신의 심연으로 들어오게 하는 거룩한 통로다.

상처를 부끄러워하거나 숨기지 마라. 흉터는 당신이 치열하게 살아남았다는 영광의 훈장이다. 상처 입은 자만이 타인의 아픔에 공명할 수 있고, 세상의 비극에 진심으로 눈물 흘릴 수 있다.

금이 간 그릇에서 새어 나오는 빛이 가장 아름답다. 당신의 아픔은 당신을 결함 있는 존재로 만드는 것이 아니라, 세상과 소통할 수 있는 가장 인간적인 존재로 완성시킨다.

인내하는 나무가
달콤한 열매를 맺는다

폭풍우 속에서 뿌리를 더 깊이 내리는 나무만이 가뭄을 견디고 달콤한 열매를 맺는다. 성급하게 열매를 얻으려 뿌리를 흔들지 마라. 시련의 계절은 나무가 자라는 시간이 아니라 견디는 시간이다.

견딤은 정지가 아니다. 보이지 않는 곳에서 가장 치열하게 생존을 도모하는 활동이다. 인내는 쓴 뿌리를 가졌으나 그 열매는 무엇보다 달다. 자연의 섭리는 서두르는 자에게 비밀을 가르쳐주지 않는다.

시간을 믿고 당신의 자리를 지켜라. 시련의 폭풍이 지나가고 나면, 당신은 이전보다 훨씬 더 깊은 뿌리와 풍성한 가지를 가진 거목으로 서 있을 것이다.

104

운명을 사랑하는 자에게
시련은 축복이다

자신의 운명을 사랑하라. 당신에게 일어나는 모든 일, 심지어 고통과 시련조차 당신의 삶을 구성하는 필수적인 조각임을 받아들여라.

운명을 긍정하는 자에게 시련은 더 이상 적이 아니다. 그것은 당신을 단련시키기 위해 운명이 보내온 엄격한 스승이다. 스승의 매질을 달게 받는 제자만이 진리를 깨우치듯, 시련을 기꺼이 껴안는 자만이 삶의 주인이 된다.

운명을 원망하는 데 에너지를 쓰지 마라. 대신 그 운명을 어떻게 당신의 것으로 만들지 고민하라. 시련을 축복으로 바꾸는 연금술은 오직 당신의 마음가짐에 달려 있다.

포기하지만 않는다면
실패는 과정일 뿐이다

한 번의 실패가 당신의 인생 전체를 규정하도록 내버려두지 마라. 실패는 끝이 아니라, 당신의 방법이 틀렸음을 가르쳐주는 친절한 이정표다.

성공은 수많은 실패의 잔해 위에서 피어나는 꽃이다. 실패를 두려워하는 자는 결코 위대한 일을 시작할 수 없다. 실패를 성장의 자양분으로 삼아 다시 일어서는 반복 속에서 인격은 단단해진다.

포기하지만 않는다면 실패는 과정의 일부일 뿐이다. 다시 시작하라. 이전보다 더 현명하게, 이전보다 더 대담하게.

106

채찍질의 아픔을
성장의 동력으로 전환하라

안락함은 영혼을 나태하게 만들고 시야를 흐리게 한다. 시련은 잠자고 있는 당신의 의지를 깨우고 다시 전장으로 나아가게 하는 운명의 채찍질이다. 고통이 당신을 때릴 때 비로소 당신은 당신의 힘이 어디까지인지 확인하게 된다. 시련은 당신의 한계를 시험하고, 그 한계를 넘어서게 하는 도약대다. 채찍질의 아픔을 성장의 동력으로 전환하라.

긴장감을 유지하라. 평탄한 길은 당신을 잠들게 하지만, 거친 길은 당신을 깨어 있게 한다. 시련을 통해 예리하게 다듬어진 영혼만이 세상의 진실을 꿰뚫어볼 수 있다.

107

당신의 진짜 모습은
위기의 순간에 드러난다

평화로운 날에는 누구나 성인군자가 될 수 있다. 그러나 당신의 진짜 모습은 모든 것이 무너져 내리는 위기의 순간, 시련의 한복판에서 드러난다.

비난 속에서 품위를 유지할 수 있는가? 결핍 속에서도 고결함을 잃지 않는가? 시련은 당신의 가면을 벗기고 당신의 밑바닥을 비추는 거울이다. 그 거울 속의 모습을 부끄럽지 않게 가꾸어라.

위기는 당신의 실력을 증명할 기회다. 모두가 당황하고 절망할 때, 침착하게 자신의 법도를 지키는 자, 그가 바로 시련이 낳은 진정한 영웅이며 거장이다.

108

한 번 깨졌다가 붙은 뼈가
더 강해지기 마련이다

폭풍우가 지나간 뒤의 고요함은 폭풍우 전의 고요함과 그 깊이가 다르다. 시련을 통과한 뒤에 찾아오는 평화는 고난의 무게만큼 더 단단하고 깊은 뿌리를 내린다.

한 번 깨졌다가 붙은 뼈가 더 강해지듯, 시련을 겪고 회복된 영혼은 그 어떤 충격에도 쉽게 흔들리지 않는 단단한 내공을 갖게 된다. 지금의 고통은 더 깊은 평화를 위한 준비 과정이다.

안심하라. 영원한 폭풍우는 없다. 시련은 당신에게서 평화를 뺏는 것이 아니라 진정한 평화를 누릴 수 있는 자격을 부여한다.

109

방황하는 자에게만
새로운 세계가 열린다

정해진 궤도만을 도는 별은 새로운 우주를 만날 수 없다. 궤도를 이탈해 방황하는 혜성만이 낯선 은하를 발견하고 새로운 중력의 법칙을 경험한다.

방황은 시야의 확장이다. 좁은 우물 안의 안전함을 버리고 넓은 바다의 거친 파도를 택한 자만이 세계의 신비를 목격할 수 있다.

더 넓게 방황하라. 당신의 발길이 닿는 곳마다 세계는 확장될 것이다. 방황을 끝내고 돌아왔을 때, 당신은 이전의 당신과는 전혀 다른 거대한 세계를 가슴에 품고 있을 것이다.

110

먼저 아파본 자만이
남의 아픔에 공감한다

자신이 아파본 자만이 타인의 신음 소리를 들을 수 있다. 시련은 당신의 이기적인 자아를 부수고 타인의 고통에 공명하는 자비의 마음을 빚어낸다.

상처 입은 치유자가 되어야 한다. 당신이 겪은 시련의 경험은 다른 누군가에게는 구원의 빛이 될 수 있다. 고난을 통해 얻은 가장 귀한 열매는 바로 타인을 향한 깊고 따뜻한 시선이다.

나의 아픔이 타인의 아픔을 위로하는 도구가 될 때, 시련은 비로소 완성된 가치를 얻는다. 고독한 고통을 넘어 연대하는 고귀함으로 나아가라. 시련은 당신을 더 큰 사랑으로 인도한다.

111

아무리 가혹한 운명이라도
노래로 형상화하라

고통은 표현되는 순간 더 이상 고통이 아니게 된다. 영혼을 짓누르는 비극조차 노래로 불려질 때 비로소 인간은 운명의 주권을 되찾는다. 마음의 눈물이 문장이 되고 한숨이 선율이 될 때, 당신의 시련은 영원한 생명을 얻는다.

비극조차 아름다움으로 번역해낼 수 있는 것이 인간의 유일한 위대함이다. 생성하는 인간은 운명의 수레바퀴가 자신을 짓누를 때 신음하는 대신, 그 바퀴가 내는 거친 마찰음 속에서 고귀한 화음을 찾아낸다.

아무리 가혹한 운명이라도 그것을 형상화하는 동안 당신은 그 운명보다 더 높은 곳에 서게 된다. 고난을 예술로 빚어내는 거장의 태도만이 당신을 허무의 심연에서 건져 올릴 것이다.

112

인내하며 견딘 끝에는
반드시 보상이 기다린다

자연은 빚을 지지 않는다. 당신이 정직하게 견뎌낸 시간, 묵묵히 완수한 의무에 대해 우주는 반드시 합당한 보상을 준비한다. 다만 그 보상의 시점은 당신의 기대와는 다를 수 있다.

시계의 바늘을 억지로 돌리지 마라. 때가 되면 꽃은 피고 열매는 맺힌다. 기다림의 끝은 결코 당신을 실망시키지 않을 것이다.

확신을 가져라. 당신이 흘린 땀과 눈물은 결코 헛되지 않다. 시련의 시간을 통과한 자에게만 허락된 눈부신 풍경이 반드시 당신 앞에 펼쳐질 것이다.

6장

세상은 우리가 아는 만큼만 보이며, 인식의 넓이가 곧 우리 삶의 크기가 됩니다. 가끔은 침묵 속에서 입을 닫고, 자연의 섭리와 사물의 본질을 찬찬히 응시해 보세요. 작은 잎사귀 하나 속에서도 우주의 거대한 법칙이 숨 쉬고 있음을 발견하게 될 것입니다. 편견의 안개를 걷어내고 맑은 눈으로 세계를 바라볼 때, 만물은 비로소 숨겨둔 비밀을 들려줍니다. 깊은 관조를 통해 우주와 하나가 되는 순간, 우리의 영혼은 비로소 진정한 평화에 도달합니다.

관조

_ 아는 만큼 세계의 신비가 보인다

113

아는 만큼 보이고,
보이는 만큼 존재한다

사람은 자신이 마음속에 지닌 것만을 세계에서 본다. "아는 만큼 보인다"는 말은 진실이다. 당신의 내면이 풍요로울수록 당신이 마주하는 세계의 지평도 그만큼 넓어진다.

무지한 자에게 자연은 그저 무의미한 풍경의 나열일 뿐이지만, 관조하는 자에게 자연은 매 순간 신비로운 암호를 속삭이는 거대한 책이다. 인식이 깊어질수록 당신은 더 많은 세계를 소유하게 된다.

끊임없이 정신을 벼려라. 관조는 지식의 축적이 아니라 존재의 확장이다. 당신이 세계의 본질을 더 깊이 이해할수록 당신이라는 존재의 밀도 또한 그에 발맞추어 짙어진다.

114

고용한 침묵으로
본질의 목소리를 듣는다

세상의 소음 속에서는 본질의 목소리를 들을 수 없다. 진리는 시끄러운 논쟁이 아니라 고요한 침묵 속에서 스스로를 드러낸다. 관조의 시작은 입을 닫고 영혼의 귀를 여는 데 있다.

침묵은 수동적인 멈춤이 아니라 가장 밀도 높은 정신의 활동이다. 사물과 대면할 때는 아무런 편견 없이 응시하라. 당신의 자아를 잠재울 때 비로소 대상의 참모습이 당신 안으로 걸어 들어온다.

침묵의 시간을 사랑하라. 말로 다 설명할 수 없는 것들이 세상에는 더 많다. 침묵 속에서 길어 올린 단 한 줄의 통찰이 요란한 백 마디 말보다 삶을 더 명료하게 비춘다.

115

자연은 비약하지 않으며, 서두르지도 않는다

자연은 언제나 정해진 법칙에 따라 움직인다. 꽃이 피고 지는 것, 계절이 바뀌는 것에는 단 한 치의 오차도 없다. 관조하는 자는 자연의 섭리를 읽으며 인내와 기다림의 지혜를 배운다.

자연은 비약하지 않는다. 그러나 모든 생명은 제때를 만나면 반드시 꽃을 피운다. 서두른다고 해서 나무가 더 빨리 자라지는 않는다. 자연의 리듬에 당신의 호흡을 맞추는 법을 익혀라.

순리를 거스르는 모든 시도는 결국 공허한 몸짓으로 끝난다. 우주의 거대한 질서를 신뢰하라. 자연의 섭리를 관조할 때, 당신의 조급함은 사라지고 그 자리에 깊은 평온이 깃들게 된다.

116

지엽적인 현상 뒤에 숨은
영원한 법칙을 응시하라

눈에 보이는 현상은 시시각각 변하지만, 그 배후에 흐르는 법칙은 영원하다. 지엽적인 사건에 일희일비하지 마라. 거대한 강물의 흐름을 보는 자는 수면의 작은 소용돌이에 겁먹지 않는다.

관조의 목적은 일시적인 현상에서 영원한 보편성을 찾아내는 데 있다. 하나의 잎사귀에서 식물 전체의 원리를 보고, 한 방울의 물에서 바다의 본질을 읽어라. 부분 속에 전체가 들어 있다.

현상의 노예가 되지 말고, 법칙의 관찰자가 되어라. 변하지 않는 것을 붙잡는 자만이 변화무쌍한 세상 속에서 중심을 지킬 수 있다. 본질을 꿰뚫어보는 시선이야말로 인간이 가질 수 있는 가장 날카로운 무기다.

117

당신이 관조할 때
세계와 하나가 된다

나와 세계를 분리하는 벽을 허물어라. 당신이 숲을 바라볼 때, 숲 또한 당신을 바라보고 있다. 관조는 대상과 주체가 하나로 녹아드는 신비로운 합일의 과정이다.

바깥의 질서를 관찰하다 보면 어느새 내면의 무질서가 정돈되는 기적을 경험하게 된다. 관조를 통해 세계와 화해하라. 당신이 우주의 일부임을 깨닫는 순간, 고독은 사라지고 거대한 존재의 환희가 그 자리를 채운다.

118

편견은 시야를 가리는
두꺼운 안개와도 같다

자신의 고정관념을 가지고 세상을 보는 자는 결코 진실에 닿을 수 없다. 편견은 당신의 시야를 가두는 감옥이다. 관조를 위해서는 당신이 이미 알고 있다고 믿는 것들로부터 먼저 자유로워져야 한다.

백지 상태의 마음으로 대상을 마주하라. 이름과 개념을 떼어내고 오직 실체만을 응시하라. 익숙한 것조차 처음 보는 것처럼 대할 때, 비로소 사물의 숨겨진 맥박이 느껴지기 시작한다.

배운 것을 잊는 법부터 익혀라. 낡은 시선을 버릴 때 비로소 새로운 세계가 열린다. 편견의 안개를 걷어내고 투명한 눈으로 세상을 볼 때, 당신은 세상의 주인이 된다.

119

작은 것 속에 깃든
거대한 우주를 보라

위대한 것은 거창한 곳에만 있는 것이 아니다. 발밑의 잡초, 구르는 돌멩이 하나에도 세상의 섭리는 깃들어 있다.

관조의 깊이는 대상의 크기에 비례하지 않는다. 가장 사소한 것에서 가장 숭고한 원리를 발견하는 것이 거장의 시선이다. 일상의 모든 조각이 당신에게는 위대한 가르침의 재료가 된다.

작은 것을 소홀히 여기는 자는 결코 큰 진리에 도달할 수 없다. 주변의 작고 낮은 곳을 찬찬히 살펴라. 그곳에 그간 당신이 그토록 찾아 헤맸던 삶의 정답이 조용히 숨어 있을지도 모른다.

120

고요한 호수만이
하늘을 온전히 비춘다

마음이 소란스러운 자는 세계를 왜곡해서 본다. 일그러진 호수 표면에는 둥근 달도 일그러져 비칠 뿐이다. 당신이 관조를 원한다면, 먼저 당신의 내면 호수를 평온하게 가라앉혀야 한다.

격정과 욕망의 파도를 잠재워라. 마음이 투명해질 때 비로소 세계는 있는 그대로의 모습으로 당신 안으로 걸어 들어온다. 내면의 정적이 깊을수록 세계의 투영은 더 선명해진다.

안의 질서가 잡혀야 밖의 질서가 보인다. 고요한 마음이야말로 진리를 담는 가장 정교한 그릇이며, 세계의 신비를 비추는 가장 맑은 거울이다.

121

끊임없는 질문이야말로
관조의 문을 여는 열쇠다

단순히 바라보는 것과 질문하며 응시하는 것은 천지 차이다. 왜 그런지, 어떻게 그렇게 존재하는지 끊임없이 물어라. 질문은 닫혀 있는 본질의 문을 두드리는 소리와 같다.

정답을 찾으려 서두르지 마라. 질문을 품고 대상을 오래 바라보는 행위 자체가 이미 관조의 완성이다. 질문이 깊어질수록 대상은 자신의 비밀스러운 속살을 조금씩 보여준다.

호기심은 영혼의 청춘을 유지하는 비결이다. 당연한 것을 당연하게 여기지 않는 태도, 그 낯선 물음표들이 모여 당신의 인식을 한 단계 높은 차원으로 밀어 올린다.

122

관조는 눈이 아니라
온몸으로 하는 것이다

시각적 인식을 넘어 온몸의 감각을 깨워라. 흙의 냄새, 바람의 감촉, 빛의 온도를 온전히 느껴라. 관조는 관념의 유희가 아니라 생생한 체험의 집적이다.

이론으로 자연을 재단하지 마라. 자연의 품으로 직접 뛰어들어 온몸으로 질서를 만끽하라. 머리로 아는 지식은 차갑지만, 몸으로 겪은 통찰은 뜨겁다.

감각을 예리하게 벼려라. 세상의 모든 자극이 당신의 영혼을 깨우는 신호가 되게 하라. 온몸으로 세계를 받아들일 때, 당신은 살아 있다는 것의 진정한 의미를 깨우치게 된다.

123

관조를 통해
형태 뒤의 의지를 읽어라

식물의 잎이 변하고 꽃이 피는 것은 우연한 사건이 아니다. 그 것은 내면에 잠재된 생명 의지가 형태를 빌려 밖으로 드러나는 필연적인 과정이다. 관조를 통해 형태 뒤의 의지를 읽어라.

세상 모든 것은 상징이다. 눈에 보이는 형태는 보이지 않는 힘의 결과물이다. 사람의 표정에서 그 영혼의 지형도를 읽고, 사물의 구조에서 그 존재의 이유를 발견하라.

현상은 사라지지만 상징은 남는다. 껍데기에 현혹되지 말고 핵심의 맥박을 짚어라. 형태의 변주 속에서 변하지 않는 생명의 원형을 포착하는 자만이 본질의 수호자가 된다.

124

빛과 어둠의 조화가
세상의 색채를 만든다

색채는 빛의 고통이자 행위다. 빛과 어둠이 부딪히고 섞이는 지점에서 비로소 세상의 다채로운 색이 태어난다. 관조하는 자는 밝음뿐 아니라 그늘의 가치 또한 이해한다.

인생의 색채 또한 기쁨과 슬픔의 상호작용으로 빚어진다. 지나치게 밝은 빛은 눈을 멀게 하고, 깊은 어둠은 시야를 가둔다. 적절한 명암의 조화 속에서만 삶의 풍경은 입체감을 얻는다.

그러므로 그늘을 거부하지 마라. 당신 삶의 어두운 부분은 빛을 더욱 돋보이게 하며, 당신만의 고유한 색채를 완성하는 필수적인 재료다. 빛과 어둠을 동시에 껴안는 시선을 가져라.

125

거리는 본질을 보기 위한
필수적인 조건이다

너무 가까이 다가가면 전체가 보이지 않고, 너무 멀어지면 세밀함이 사라진다. 관조를 위해서는 대상과 나 사이의 적절한 거리가 필요하다. 그 거리는 방관이 아니라 객관을 위한 예의다.

자신의 삶조차 가끔은 타인의 일처럼 멀리서 바라보라. 격정에 휩싸였을 때는 한 발짝 뒤로 물러나 폭풍의 눈을 응시하라. 거리를 확보할 때 비로소 감정의 거품이 걷히고 사건의 참모습이 보인다.

냉정한 머리와 따뜻한 가슴 사이의 거리를 유지하라. 적절한 거리를 둔 응시는 대상을 훼손하지 않으면서도 그 진실을 오롯이 담아내는 지혜로운 관조법이다.

126

창조적인 시선으로
세상을 더 아름답게 보라

진정한 예술은 자연을 그대로 베끼는 데 있지 않다. 자연의 법칙을 관조해 얻은 통찰을 인간의 정신으로 다시 빚어내는 것이다. 예술은 자연의 연장선상에 있는 또 다른 생성이다.

예술가는 사물의 겉모습 너머에 있는 것을 본다. 그 본질의 형상을 끄집어내어 세상에 내놓는 활동이 바로 고귀한 창조다. 예술을 통해 인간은 자연의 조력자가 된다.

그러므로 세상을 창조적인 시선으로 보라. 당신의 관조가 세상을 더 아름답게 정의할 수 있다. 관찰한 것을 당신만의 언어로 재탄생시킬 때, 당신은 한 번뿐인 인생을 주인이 되어 살아갈 수 있다.

127

관조는 영혼을 맑게 하는
성스러운 목욕이다

일상의 번잡함에 찌든 영혼을 관조의 샘물에 담가라. 섭리의 흐름을 명상하는 것만으로도 마음의 때는 씻겨 나간다. 관조는 지친 정신을 회복시키는 가장 고결한 휴식이다.

세상 만물에 깃든 신성을 느껴라. 잡념이 사라지고, 존재의 근원적인 평화가 당신을 감쌀 것이다. 관조는 바깥을 향한 탐구가 아니라 내면의 평정을 되찾는 구원의 행위다.

하루에 한 번은 온전히 침묵하며 응시하라. 그 짧은 시간이 당신의 나머지 하루를 지탱하는 든든한 뿌리가 된다. 관조를 통해 맑아진 영혼만이 세상의 탁류 속에서도 흔들리지 않는다.

128

아는 만큼 존재하고,
존재하는 만큼 느낀다

우리는 우리가 이해한 만큼의 세계를 산다. 인식의 확장이 곧 삶의 확장이다. 관조를 게을리하는 자는 좁은 방에 갇혀 넓은 세상을 비난하는 어리석은 자와 같다.

지평을 넓혀라. 더 많은 책을 읽고, 더 많은 사람을 만나고, 더 깊게 자연을 관찰하라. 인식의 지도가 정교해질수록 당신의 행보는 거침없어지고, 삶의 풍미는 깊어진다.

존재의 크기는 당신이 포용한 세계의 크기와 같다. 관조하는 자의 영혼은 결코 가난해지지 않으며, 매 순간 만물과 소통하는 부유함을 누린다.

129

자연은 스스로를 숨기며,
동시에 모든 것을 드러낸다

자연의 비밀은 금고 속에 감춰진 것이 아니다. 우리 눈앞에 훤히 드러나 있다. 다만 우리가 그것을 볼 수 있는 눈을 갖추지 못했을 뿐이다. 자연은 언제나 정직하게 자신의 법칙을 연주하고 있다.

관조의 부족을 자연의 불친절함으로 돌리지 마라. 당신의 시력이 약해진 것이지, 진리의 빛이 희미해진 것이 아니다. 마음의 눈을 닦고 다시 세상을 바라보라.

드러난 현상 속에서 숨겨진 질서를 찾아야 한다. 세상은 거대한 수수께끼 판이며, 관조하는 자는 그 수수께끼를 하나씩 풀어가며 창조주의 기쁨을 맛보는 선택된 자다.

130

관조의 끝은
겸손으로 수렴된다

세상의 방대함과 질서의 정교함을 깊이 관찰할수록, 인간은 자신의 미미함을 더욱 깨닫게 된다. 진정한 지혜는 아는 것에 대한 오만이 아니라, 모르는 것에 대한 거룩한 경외심에서 온다.

당신이 알아낸 것은 해변의 모래알 하나에 불과하다. 그러나 그 모래알 하나를 진심으로 이해할 때, 당신은 비로소 우주의 겸손한 일원이 된다.

경외심은 당신 영혼의 높이를 결정한다. 위대한 질서 앞에 감탄할 줄 아는 사람만이 위대해질 수 있다. 관조는 오만을 깎아내고 그 자리에 무한한 겸손과 경이로움을 채워 넣는다.

사물의 이름을 잊을 때
본질이 말을 건다

개념은 편리하지만 실체를 가둔다. '장미'라는 이름을 잊고 그 붉은 생명력과 향기 자체에 몰입하라. 이름은 인간이 만든 칸막이일 뿐, 자연에는 칸막이가 없다.

이름을 지우고 대상을 만나라. 그때 사물은 박제된 지식이 아닌 살아 있는 생명으로 당신에게 다가온다. 관조는 언어의 감옥을 탈출해 실재의 들판으로 나가는 해방의 행위다.

날것의 세계를 대면하라. 개념으로 재단된 세계는 죽은 세계다. 관조를 통해 만물의 숨결을 직접 느껴라. 이름 없는 것들의 아우성이 당신의 영혼을 자유롭게 할 것이다.

132

관조 없는 활동은 허망하고,
활동 없는 관조는 무력하다

무작정 달리는 행동은 맹목적이다. 관조는 당신의 활동에 방향을 제시하고, 불필요한 질주를 막아준다. 멈춰 서서 바라보는 시간이 당신의 다음 발걸음을 결정한다.

활동과 관조의 리듬을 맞추어라. 관조 없는 활동은 허망하고, 활동 없는 관조는 무력하다. 충분히 바라본 후에 움직이고, 움직인 후에는 다시 돌아와 관조하라.

지혜로운 자는 가장 바쁜 순간에도 관조의 자리를 비워둔다. 그 정지된 시간이 활동의 순도를 높이고, 당신의 행위가 헛된 곳으로 낭비되지 않도록 지켜줄 것이다.

관조를 통해
인과의 사슬을 읽어내라

세상에 우연은 없다. 오직 우리가 인과관계를 미처 발견하지 못한 필연만이 있을 뿐이다. 관조하는 자는 사건의 겉모습에 놀라지 않고, 그 이면에 얽힌 인과의 실타래를 찬찬히 풀어낸다.

원인을 알면 두려움이 사라진다. 세상만사가 어떤 질서에 의해 움직이는지 파악할 때 당신은 비로소 운명의 파도에 휩쓸리지 않을 수 있다. 인과의 관찰은 자유로 가는 지름길이다.

세상을 논리적으로 응시하라. 우주는 정교한 시계와 같아 단 하나의 톱니바퀴도 이유 없이 돌지 않는다. 그 톱니바퀴의 맞물림을 읽어내는 자만이 시대를 앞서가고 운명을 지혜롭게 다스린다.

134

노년의 시간이야말로
관조의 계절이다

육체의 힘이 빠져나간 자리에 관조의 시력이 들어앉는다. 젊음이 활동의 계절이라면, 노년은 관조의 계절이다. 인생의 황혼에서 바라보는 세계는 젊은 날의 그것보다 훨씬 투명하고 아름답다.

노년의 관조는 집착을 내려놓은 자의 평온한 시선이다. 가질 수 없는 것을 탐하기보다 이미 존재하는 것의 신비를 즐기는 지혜, 바로 그것이 생의 막바지에 도달한 인간이 누리는 최고의 축복이다.

노년의 관조는 다음 생으로 가져갈 유일한 자산이다. 삶의 모든 국면을 긍정의 시선으로 거두어들여라. 완성된 노년의 시선은 그 자체로 한 편의 웅장한 서사시다.

135

당신의 관조가 머무는
바로 그곳에 진리가 있다

관조 끝에 얻은 단 하나의 깨달음은 평생 당신의 행보를 비추는 등불이 된다. 타인의 조언에 흔들리지 마라. 당신이 직접 관찰하고 검증해낸 진리만이 당신을 배신하지 않는다.

세상이 어느 쪽으로 흐르든 당신이 발견한 본질의 방향을 믿고 나아가라. 관조를 통해 다져진 내면의 확신은 그 어떤 시련도 뚫고 나갈 강철 같은 의지가 된다.

진리는 멀리 있지 않다. 당신의 관조가 머무는 바로 그곳에 있다. 스스로 발견한 진리를 붙잡고 당당히 걸어라. 그 걸음걸이가 바로 당신이라는 존재의 위엄을 증명할 것이다.

7장

사람은 오직 사람 사이에서 부딪히고 공명하며 진정한 인간으로 거듭납니다. 나와 다른 타인의 모습은 내가 미처 보지 못한 내 안의 그림자를 비춰주는 고마운 거울입니다. 상대를 내 뜻대로 바꾸려 하기보다, 그가 고유한 빛을 낼 수 있도록 곁에서 묵묵히 도와주세요. 이기적인 고립을 넘어 타인의 고통에 공감할 때, 우리의 인격은 비로소 보편적인 고귀함을 얻습니다. 함께 어깨를 기대고 나아가는 연대 속에서, 우리는 개인의 한계를 넘어 영원한 가치에 닿습니다.

연대

_타인은 나를 비추는 맑은 거울이다

136

오직 사람 사이에서만 인간다운 품격을 얻는다

인간은 홀로 존재할 때보다 타인과 연결될 때 비로소 자신의 참모습을 발견한다. 사람은 오직 사람 사이에서만 인간으로 형성되며, 타인이라는 존재를 통하지 않고서는 자기 내면의 깊이에 도달할 수 없다.

고립된 자아는 스스로를 객관적으로 바라볼 시력을 갖지 못한다. 타인이 내게 건네는 말 한마디, 그들이 보내는 시선 하나가 당신의 일그러진 부분을 바로잡는 귀한 교정 도구가 된다.

그러므로 관계를 회피하지 마라. 타인은 당신을 구속하는 쇠사슬이 아니라, 더 넓은 세계로 인도하는 통로다. 함께 어우러지는 활동 속에서 당신은 비로소 인간다운 품격과 온기를 얻게 된다.

137

타인의 비판을 선물로 받아들여라

당신이 타인에게서 발견하는 결점은 대개 당신 자신의 내면에 숨겨진 그림자다. 타인은 당신이 미처 보지 못한 당신의 뒷모습을 비추는 거울이다. 그러니 그 거울을 정직하게 응시하라.

남의 잘못을 비난하기 전에, 그 모습이 왜 당신의 눈에 띄었는지 질문하라. 거울에 비친 모습이 마음에 들지 않는다고 거울을 깨뜨리는 어리석음을 범하지 마라. 거울은 오직 진실만을 말할 뿐이다.

타인의 비판을 선물로 받아들여라. 그들의 시선은 당신의 모난 구석을 깎아내는 정교한 정질이다. 거울을 통해 자신을 정돈하는 자만이 비로소 흐트러짐 없는 고귀한 인격을 갖출 수 있다.

138

고귀한 사람은
고귀한 사람을 끌어당긴다

당신의 주변을 둘러보라. 지금 당신 곁에 있는 사람들이 바로 당신의 인격이 도달한 좌표다. 고귀한 영혼은 자석처럼 또 다른 고귀한 영혼을 끌어당기며, 그들은 서로를 북돋아 더 높은 곳으로 이끈다.

"끼리끼리 모인다"는 말은 단순한 비유가 아니라 존재의 법칙이다. 좋은 동료를 얻고 싶은가? 그렇다면 먼저 당신 스스로가 타인에게 영감을 주는 사람이 되어라. 당신이 먼저 빛나면 어둠 속에 숨어 있던 별들이 당신 곁으로 모여들 것이다.

우정은 비슷한 영혼들이 나누는 성스러운 대화다. 고결함은 고결함 속에서만 무르익는다.

139

사랑은 상대를 통해
나를 완성하는 길이다

사랑은 타인을 내 입맛에 맞게 바꾸려는 지배가 아니다. 상대방이 가진 고유한 잠재력이 꽃을 피울 수 있도록 돕고 기다려주는 형성의 활동이다. 사랑할 때 인간은 가장 빠르게 이기심을 벗고 고귀해진다.

누군가를 진심으로 사랑하면 그에게 어울리는 존재가 되고 싶다는 갈망이 생긴다. 그 갈망이 나를 닦게 하고 나를 성장시킨다. 사랑은 두 영혼이 서로를 조각해나가는 거룩한 예술이다.

관계를 소유로 착각하는 순간 사랑은 부패한다. 상대를 주어진 그대로 존중하고, 그가 스스로의 법칙에 따라 자라나도록 여백을 주는 것이 사랑의 정수다. 사랑은 상대를 통해 나를 완성하는 길이다.

전체와의 조화 속에서
부분은 의미를 얻는다

개별적인 재능은 그 자체로 완전할 수 없다. 그것이 전체를 이루는 한 조각임을 깨닫고, 더 큰 질서와 연결될 때 진정한 가치를 얻는다. 나를 넘어선 연대 속에서 개인은 비로소 영원해진다.

당신의 악기를 정확히 연주하는 것도 중요하지만, 타인의 선율에 귀를 기울이며 전체의 화음을 맞추는 것은 더 중요하다. 협력은 생성의 에너지를 증폭시키는 촉매제다.

이기적인 완성을 추구하는 자는 결국 고립되어 소멸한다. 타인의 고통에 공명하고 세상의 조화에 기여하라. 당신의 인격이 세상이라는 교향곡의 아름다운 일원이 될 때, 당신의 삶은 개인의 한계를 넘어선다.

141

당신의 삶이라는 방에
누구나 들어와 쉬게 하라

타인을 내 기준에 맞춰 재단하지 마라. 그가 나와 다르다는 사실을 있는 그대로 받아들이는 것이 수용의 시작이다. 나와 다른 시선은 나의 세계를 무너뜨리는 적이 아니라, 나의 지평을 넓혀주는 동지다.

타인에게도 그만의 법칙이 있음을 인정하라. 강요된 일치는 폭력이지만, 다름을 인정하는 연대는 예술이다. 상대방의 고유한 결을 존중할 때, 그와 당신 사이에는 진실한 대화가 시작된다.

마음의 문턱을 낮추어라. 누구나 당신의 삶이라는 방에 들어와 잠시 쉬어갈 수 있게 하라. 넉넉한 수용의 품을 가진 사람 곁에는 언제나 사람이 끊이지 않으며, 그 온기가 결국 당신의 시린 영혼을 데운다.

142

우정은 지혜를 나누는
가장 우아한 방식이다

진정한 친구는 당신의 허물을 덮어주는 사람이 아니라, 당신의 가능성을 일깨워주는 사람이다. 우정은 단순히 즐거움을 나누는 자리가 아니라, 서로의 영혼을 벼려주는 치열한 수행의 장이다.

서로의 생각이 충돌하고 섞이는 과정에서 지혜의 불꽃이 튄다. 혼자 고민할 때보다 친구와 대화할 때 당신의 사유는 더 멀리, 더 깊게 나아간다. 우정은 두 지성이 만나 만드는 찬란한 빛이다.

좋은 친구를 얻는 것은 인생의 절반을 성공한 것과 같다. 당신의 비밀을 맡길 수 있고, 당신의 실패를 함께 아파해줄 영혼의 반려자를 소중히 여겨라. 우정은 세월의 풍파 속에서도 변치 않는 유일한 보석이다.

143

타인의 성공은
당신의 실패가 아니다

타인의 성공을 시기하는 마음은 당신 자신의 성장을 멈추게 한다. 질투는 타인의 빛을 시샘하느라 자신의 촛불을 꺼뜨리는 어리석은 행위다. 타인의 공로를 인정하는 순간, 당신의 그릇은 더욱 넓어진다.

가장 행복한 사람은 남의 공로를 진심으로 알아보고, 남의 기쁨을 자기 기쁨처럼 기뻐하는 사람이다. 타인의 탁월함을 배우려는 겸손함이 당신을 더 높은 곳으로 인도한다.

질투의 감옥에서 걸어 나와라. 타인의 성공은 당신의 실패가 아니라, 당신도 도달할 수 있는 가능성의 증거다. 경쟁자가 아닌 동반자의 시선으로 세상을 볼 때, 당신의 연대는 비로소 힘을 얻는다.

144

요란하게 변명하지 말고,
고결하게 침묵하라

인간관계에서 발생하는 오해를 매번 말로 풀려 하지 마라. 때로는 정직한 행동과 시간이 모든 것을 설명해준다. 고결한 침묵은 당신의 인격이 가진 밀도를 타인에게 전달하는 무언의 웅변이다.

상대방의 실수를 굳이 들추어내지 않는 배려, 자신의 억울함을 묵묵히 견뎌내는 인내. 이러한 침묵의 태도가 타인에게 깊은 울림과 신뢰를 준다. 말은 허공에 흩어지지만 태도는 영혼에 박힌다.

침묵은 관계의 여백이다. 여백이 있어야 그림이 돋보이듯, 적절한 침묵이 있어야 관계의 깊이도 선명해진다. 침묵을 다스릴 줄 아는 사람만이 타인의 마음을 얻을 수 있다.

145

대가를 바라지 말고
선행을 베풀어라

나누는 것은 줄어드는 것이 아니라 배가 되는 신비다. 타인에게 도움을 주는 활동은 당신의 에너지를 소모시키는 일이 아니라, 당신의 생명력을 우주의 거대한 흐름과 연결하는 일이다.

고귀한 인간은 유익하게 살아야 한다. 그것이 인간을 다른 존재와 구분하는 유일한 증거다. 타인의 삶에 선한 흔적을 남기는 활동이 결국 당신이라는 존재의 유통기한을 영원히 연장해준다.

대가를 바라지 말고 베풀어라. 행위 그 자체가 이미 보상이다. 선량함은 나약함이 아니라 가장 강한 의지에서 나오는 주권자의 선택이다. 당신의 선행이 세상의 질서를 바로잡는 초석이 될 것이다.

146

타인을 향한 잣대를
날카롭게 세우지 마라

남의 허물을 지적하는 것은 누구나 할 수 있는 비천한 일이다. 그러나 그 사람의 처지가 되어 그의 아픔을 함께 느끼는 것은 성숙한 영혼만이 할 수 있는 고귀한 활동이다.

비난은 관계를 단절시키지만, 공감은 다리를 놓는다. 타인을 향한 날카로운 잣대를 거두고 따뜻한 시선을 먼저 보내라. 사람은 비판에 의해서가 아니라 이해에 의해서 변하고 성장한다.

공감은 타인의 영혼 속으로 들어가는 열쇠다. 그 열쇠를 가진 사람만이 타인의 진심을 열 수 있다.

147

상대의 말이 끝날 때까지
당신의 판단을 유보하라

당신의 생각만 옳다고 고집하는 것은 좁은 우물 속에 갇히는 길이다. 소통은 나의 지도를 버리는 것이 아니라 타인의 지도를 받아들여 세상을 더 입체적으로 보는 활동이다.

경청은 소통의 절반이다. 상대의 말이 끝날 때까지 당신의 판단을 유보하라. 그의 언어 속에 숨은 맥락을 읽어낼 때, 비로소 마음과 마음은 이어진다. 대화는 정보를 주고받는 행위를 넘어 존재를 섞는 일이다.

열린 마음으로 대화하라. 당신과 전혀 다른 배경을 가진 사람과의 소통이 당신의 고정관념을 부수는 망치가 될 것이다. 다양한 목소리가 어우러질 때 당신의 세계는 비로소 완성된다.

148

갈등을 두려워하지 말고,
연대의 기회로 삼아라

부딪힘이 없는 관계는 깊어질 수도 없다. 갈등은 서로의 차이를 확인하고 더 견고한 합의를 이끌어내기 위한 필연적인 과정이다. 갈등을 두려워하지 말고, 그것을 성장과 연대의 기회로 삼아라.

마찰을 통해 날카로운 자아는 둥글게 깎이고, 타인에 대한 이해는 넓어진다. 갈등을 통과한 우정은 이전보다 훨씬 더 단단한 뿌리를 내린다. 위기는 관계의 실력을 증명할 수 있는 무대다.

149

함께할 때 우리는
비로소 무적이 된다

인생의 무게는 혼자 짊어지기에는 너무 무겁다. 시련의 시기에 곁을 지켜주는 동료가 있다면 당신은 결코 무너지지 않는다. 연대는 서로의 어깨를 빌려주며 함께 운명의 파도를 넘는 항해술이다.

서로의 방패가 되어주어라. 한 사람이 지칠 때 다른 사람이 일으켜 세우는 선순환이 공동체를 지탱한다. 연대 속에서 개인의 나약함은 사라지고, 집단의 강인함이 태어난다.

당신이 누군가의 버팀목이 되어줄 때, 당신 또한 그로 인해 견고해진다. 연대는 일방적인 희생이 아니라 서로를 지탱하며 함께 완성되어가는 생존의 지혜다. 함께할 때 우리는 비로소 무적이다.

150

당신의 기대라는 감옥에
아이를 가두지 마라

자녀를 내 뜻대로 빚으려 하지 마라. 아이는 부모의 소유물이 아니라 스스로의 법칙에 따라 자라나야 할 독립된 생명이다. 아이가 가진 고유한 개성을 발견하고 북돋아주는 것이 부모의 유일한 의무다.

개념으로 아이를 재단하지 마라. 당신의 기대라는 감옥에 아이를 가두지 마라. 아이가 스스로 알을 깨고 나올 때까지 묵묵히 지켜봐주고 사랑을 주는 인내가 필요하다.

사랑은 기다림이다. 아이가 자신의 속도로 성장할 수 있게 여백을 주어라. 당신의 욕심을 내려놓고 아이를 하나의 인격체로 대할 때, 비로소 아이는 자신의 빛을 발하며 아름답게 형성될 것이다.

151

타인의 성장을 돕는 것이
나의 성장을 완성한다

내가 가진 재능과 지식을 아끼지 말고 나누어라. 타인이 성장하도록 돕는 활동은 결국 나를 더 높은 차원의 인격으로 이끈다. 남을 가르치고 이끄는 과정에서 나 또한 가장 많이 배운다.

격려는 비판보다 수만 배 더 큰 힘을 발휘한다. 타인의 가능성을 믿어주고 그가 일어설 수 있게 힘을 보태라. 당신의 격려 한마디가 누군가의 운명을 바꾸고, 그것이 다시 당신의 보람이 된다.

타인의 성공이 나의 성공이 되는 마음, 그것이 보살의 마음이며 거장의 마음이다. 연대 속에서 타인을 세울 때 당신 또한 세상이라는 무대 위에 가장 굳건히 서게 된다.

진실한 동료는
쓴소리를 아끼지 않는다

당신의 기분만을 맞추려 하는 자를 경계하라. 그는 당신의 친구가 아니라 당신의 눈을 가리는 독이다. 진정한 연대는 서로의 허물을 정직하게 지적해주고 바른길로 인도하는 따가운 충고에서 완성된다.

쓴소리를 달게 받아라. 당신의 성장을 진심으로 바라는 사람만이 당신에게 불편한 진실을 말할 수 있다. 그 정직한 비판이 당신의 자만을 깎아내고 인격의 순도를 높여준다.

정직한 관계만이 오래간다. 서로의 영혼을 맑게 유지하기 위해 기꺼이 거울이 되어주는 관계, 그 서늘하고도 따뜻한 우정이 당신을 파멸로부터 지켜줄 것이다.

153

서로 다른 재능과 개성이
어우러져야 한다

모든 사람이 똑같을 필요는 없다. 오히려 서로 다른 재능과 개성이 어우러질 때 공동체는 가장 풍요로워진다. 각자의 자리에서 자신의 소리를 내되 전체의 하모니를 생각하는 태도가 필요하다.

나의 탁월함이 타인의 부족함을 메우고, 타인의 장점이 나의 빈자리를 채우는 신비. 그 조화로운 연대 속에서 우리는 개인으로서는 도달할 수 없는 거대한 질서를 창조한다.

자신의 역할에 충실하라. 당신이 작은 톱니바퀴일지라도 당신이 멈추면 전체 시계는 멈춘다. 공동체의 질서 속에서 자신의 책임을 다하는 행위가 곧 자신의 존재 이유를 증명하는 일이다.

154

타인의 기쁨을
나의 기쁨으로 삼아라

나만의 행복에 갇혀 있는 삶은 좁고 비루하다. 타인의 눈에서 흐르는 눈물을 닦아주고 그의 입가에 번지는 미소를 보며 행복을 느껴라. 행복의 지평을 타인에게로 넓힐 때 당신의 영혼은 무한해진다.

우리는 모두 보이지 않는 끈으로 연결된 생명의 그물망 속에 있다. 타인의 고통은 곧 나의 고통이며, 그의 성취는 곧 나의 승리다. 공명하는 가슴을 가질 때 당신은 비로소 우주적인 존재로 거듭난다.

타인과 함께 기뻐하고 함께 슬퍼하는 감각을 회복하라. 그 따뜻한 연결감이 당신을 고독의 지옥에서 건져내고 생의 찬란한 환희로 인도할 것이다.

155

세상의 낮은 곳으로
시선을 돌려라

강자에게 머리를 숙이는 것은 비겁함이며, 약자에게 고개를 숙이는 것은 고귀함이다. 소외되고 고통 받는 이들에게 손을 내미는 연대야말로 당신의 인격이 도달한 최고의 높이를 보여준다.

세상의 낮은 곳으로 시선을 돌려라. 그곳에서 당신의 도움이 절실한 이들과 연대하라. 당신의 작은 배려가 누군가에게는 다시 살아가야 할 이유가 된다. 고결함은 위가 아니라 아래를 향한다.

나만 잘사는 삶은 부끄러운 삶이다. 함께 잘 사는 세상을 만들기 위해 당신의 힘을 보태라. 그 헌신적인 활동이 당신의 삶을 의미 있게 만들며, 비로소 인간다운 존엄을 완성해준다.

고난의 시간 속에서
우정은 더욱 빛난다

좋을 때만 곁에 있는 사람은 친구가 아니다. 당신이 모든 것을 잃고 밑바닥에 있을 때 묵묵히 곁을 지켜주는 사람, 그가 바로 하늘이 보내준 당신의 수호천사다. 우정은 고난의 숫돌에 갈릴 때 비로소 빛난다.

오랜 친구를 소중히 여겨라. 당신의 과거를 알고 당신의 성장을 지켜본 이들과 나누는 대화는 그 무엇과도 바꿀 수 없는 인생의 자산이다. 세월이 흐를수록 우정의 농도는 짙어진다.

인간은 관계를 떠나 살 수 없다. 당신을 아끼는 이들을 위해 기꺼이 당신의 시간을 내놓고, 그들의 삶에 따뜻한 온기를 불어넣어라. 우정은 인생의 마지막 보루다.

157

닫힌 문은 썩기 쉽고,
열린 창은 신선하다

좁은 민족의 울타리를 넘어 인류 보편의 가치를 지향하라. 나와 다른 언어, 다른 관습을 가진 이들도 본질적으로는 같은 길을 가는 나그네들이다. 그들의 지혜에 귀를 기울이고 그들과 사유를 나누어라. 열린 마음이 당신을 세계 시민으로 만든다. 진정한 교양이란 자기 것만을 고집하는 것이 아니라 타인의 우수함을 발견하고, 그것을 기꺼이 기뻐할 줄 아는 넉넉함에서 탄생한다.

닫힌 문은 썩기 쉽고, 열린 창은 신선하다. 세계와 연대하라. 다양한 문명의 정수를 빨아들여 당신의 사유를 풍요롭게 하고, 비로소 편협함이 없는 보편적인 인격으로 거듭나라. 우리가 타자의 장점을 수용한다고 해서 우리의 본질이 사라지는 것이 아니라, 더 넓은 바다로 나아가는 동력을 얻는 것이다. 세계와 호흡하며 사유의 국경을 허물라. 그때 당신의 인격은 비로소 완성에 도달한다.

8장

과거의 후회와 미래의 불안을 모두 내려놓고, 오직 '지금 이 순간'이라는 여신만을 섬기십시오. 영원은 멀리 있는 것이 아니라, 당신이 현재의 활동에 온 영혼을 쏟아붓는 바로 그 찰나에 있습니다. 하루하루를 새로운 창조의 날로 여기며 소중히 가꿀 때, 시간은 우리를 영원한 청춘으로 안내합니다. 노년의 고요함은 쇠퇴가 아니라, 모든 생성을 완수한 뒤에 찾아오는 산마루의 평화와 같습니다. 마지막 숨을 거두는 순간까지 현재에 몰입하고 생성하십시오. 그것이 존재에게 주어진 유일한 찬가입니다.

현재

_현재라는 유일한 여신을 숭배하라

158

'지금 이 순간'이라는 이름의
유일한 여신을 섬겨라

나는 '지금 이 순간'이라는 이름의 여신 외에 그 어떤 신도 섬기지 않는다. 현재를 온전히 누리는 자에게만 영원은 그 문을 열어준다. 지나간 과거를 후회하거나 오지 않은 미래를 염려하느라 이 신성한 여신을 외면하지 마라.

모든 위대한 일은 '지금'이라는 좁은 틈에서 일어난다. 오늘 내린 결단과 지금 행하는 활동만이 내일의 당신을 창조한다. 미래는 기다리는 자의 것이 아니라, 오늘 첫 문장을 써 내려가는 자의 것이다.

현재에 충실하라. 당신이 지금 서 있는 그 자리가 바로 우주의 중심이며, 당신이 지금 하는 그 일이 바로 당신의 운명을 결정하는 열쇠다. 순간을 붙잡아 영원으로 바꾸는 것, 그것이 인간이 누릴 수 있는 유일한 마법이다.

159

시간을 잃어버리는 것은
피가 빠져나가는 것과 같다

하루의 가치를 아는 사람은 오늘을 함부로 버리지 않는다. 시간은 우리에게 재료를 줄 뿐, 그것을 빚는 것은 우리의 결단이다. 시간을 잃어버리는 것은 혈관에서 피가 빠져나가는 것과 같다.

매일 아침 우리는 새로운 창조의 날을 선물 받은 것이다. 창조의 첫날은 성경에만 있는 것이 아니라, 당신의 오늘 아침에도 있다. 그러므로 아침의 해만이 아니라, 해 질 무렵의 해도 여전히 찬란함을 잊지 마라.

오늘이라는 날에 그대의 모든 힘을 쏟아라. 사소한 일상조차 정성을 다해 처리할 때 삶의 밀도는 높아진다. 하루를 귀히 여기는 태도가 당신의 인생 전체를 고귀하게 만든다.

160

인간은 순간을 붙잡아 지속으로 바꿀 수 있다

인간은 구별하고 선택하고 판단하며, 찰나의 순간에 '지속'이라는 생명력을 부여한다. 흐르는 시간 속에 멈추지 않는 가치를 새겨 넣는 것, 바로 그것이 인간이 동물의 상태를 벗어나는 길이다.

무엇이든 섞어버리는 망각에 저항하라. 당신이 정성을 다해 완수한 활동은 시간의 파도에 씻겨 내려가지 않고 당신의 인격 속에 단단히 박혀 영구히 남는다.

순간을 영원으로 바꾸는 능력은 인간만의 특권이다. 그러니 매 순간 깨어 있어라. 당신의 행위 하나하나가 영원이라는 거대한 조각보의 한 조각이 됨을 기억하며 정교하게 삶을 직조하라.

161

행복은 멀리 있지 않고
항상 거기에 있다

더 멀리 방황하고 싶은가? 좋은 것은 언제나 당신 가까이에 있다. 행복을 붙잡는 법을 배워라. 행복은 '어딘가'에 있는 것이 아니라 '항상 거기', 즉 당신이 현재에 몰입하는 순간에 존재한다.

미래의 행복을 위해 현재의 고통을 정당화하지 마라. 지금 이 순간에 깃든 작은 기쁨을 발견하지 못하는 자는 영원히 행복의 근처만 맴돌 뿐이다. 발밑의 꽃을 보지 못하고 산 너머의 숲만 탐하지 마라.

시선을 가까운 곳으로 돌려라. 현재의 과업을 사랑하고 주변의 사람들과 온기를 나누는 평범한 순간 속에 진정한 낙원이 숨어 있다. 행복은 도달해야 할 목적지가 아니라, 현재를 살아가는 당신의 태도다.

162

쉼 없는 활동은
노화조차 생성으로 바꾼다

나이가 드는 것은 쇠퇴가 아니라 완성으로 가는 생성의 과정이다. 내가 끝까지 쉼 없이 일한다면, 자연은 현 존재가 무너질 때 다른 형태의 존재를 나에게 빚어줄 빚이 있다.

정신의 활동을 멈추지 않는 자에게 노년은 가장 빛나는 수확의 계절이다. 육체의 힘이 빠져나간 자리에 지혜가 들어앉는다. 활동하는 영혼에게는 노화가 침범할 자리가 없다.

그러므로 마지막 순간까지 펜을 놓지 마라. 생의 마지막 페이지를 쓰는 순간까지 질문하고 사유하라.

163

어제의 일은
어제에 두어라

과거의 영광에 안주하거나 과거의 실패에 묶여 있는 자는 이미 죽은 것과 같다. 어제 일어난 일은 어제로서 끝난 것이다. 어제의 나를 장사 지내지 않고서는 오늘의 나로 태어날 수 없다.

생성은 오직 현재라는 좁은 문을 통해서만 일어난다. 뒤를 돌아보느라 오늘 내딛어야 할 발걸음을 늦추지 마라. 과거는 닻이 아니라 족쇄가 되어 당신의 도약을 가로막을 뿐이다.

어제의 후회를 오늘의 거름으로 삼되, 그 거름 속에 파묻히지는 마라. 새 술은 새 부대에 담듯, 오늘의 당신은 오직 오늘의 공기로 호흡해야 한다.

164

미래의 불안은
현재의 힘을 뺏는 그림자다

두려움은 미래를 바꾸지 못하고, 오직 현재의 힘만 빼앗는다. 오지도 않은 내일의 걱정으로 오늘을 망치는 것은 가장 어리석은 낭비다. 미래는 아직 존재하지 않는 환상임을 기억하라.

당신이 통제할 수 있는 것은 오직 '지금 이 순간'의 태도뿐이다. 오늘을 올바르게 세우면 내일은 자연히 그 뒤를 따른다. 질서 있는 현재가 가장 강력한 미래의 예언서다.

걱정할 시간에 행동하라. 움직임은 모든 불안을 잠재우는 유일한 처방이다. 현재에 온전히 몰입하는 자에게 미래는 두려움의 대상이 아니다.

165

노년에는 집착을 내려놓은
평온한 시선을 가져라

젊을 때는 인류를 위해 궁전을 짓겠다 믿지만, 때가 오면 내 집 앞의 쓰레기를 치우는 일조차 벅참을 깨닫는다. 이 깨달음은 포기가 아니라, 비로소 삶의 본질적인 단위로 돌아온 지혜다.

거창한 환상을 내려놓고 실재하는 현재를 보라. 노년의 시선은 집착을 버린 자의 평온함을 담고 있다. 가질 수 없는 것을 탐하기보다 이미 주어진 것의 신비를 관조하는 기쁨을 누려라.

황혼의 해는 정오의 해보다 더 부드럽고 따뜻한 빛을 발한다. 노년은 인생이라는 긴 여행을 마치고 마침내 '현재'라는 안식처에 도달한 위대한 정착의 시기다.

166

몰입은 시간의 농도를
짙게 만드는 연금술이다

시간의 길이는 누구에게나 공평하지만, 시간의 깊이는 몰입하는 자에 따라 달라진다. 하는 일에 온 영혼을 쏟아 붓는 순간, 시간은 멈추고 영원이 그 자리를 대신한다.

오직 눈앞의 과업에만 집중하라. 당신과 대상 사이의 경계가 허물어질 때 비로소 진정한 창조가 일어난다. 몰입은 평범한 순간을 신성한 의식으로 격상시킨다.

시간을 양으로 계산하지 마라. 단 십 분의 깊은 몰입이 헛된 시간의 백 시간보다 당신을 더 크게 성장시킨다. 몰입하는 자만이 시간의 주인이 되며, 생의 찬란한 정수를 맛볼 수 있다.

<h1 style="text-align:center">167</h1>

매일 반복되는 규율이
영원성을 보증한다

매일 적어도 노래 한 곡, 좋은 시 한 편, 좋은 그림 하나를 보고 가능한 한 이성적인 말을 몇 마디 하라. 이러한 사소한 현재의 규율이 삶의 비루함을 씻어내고, 당신을 영원한 가치와 연결한다.

규율은 지루한 반복이 아니라, 현재를 신선하게 유지하는 여과 장치다. 일상의 작은 질서를 지키는 힘이 결국 거대한 운명의 파도를 넘게 하는 나침반이 된다.

흐트러진 일상은 영혼을 부식시키지만, 정돈된 현재는 영혼을 빛나게 한다. 사소한 습관의 반복 속에 당신의 주권과 영원한 존엄이 깃든다.

168

현재는 과거의 결실이자
미래의 씨앗이다

지금 당신의 모습은 과거에 당신이 보낸 시간들의 총합이다. 현재는 결코 하늘에서 떨어진 우연이 아니라 당신이 쌓아온 필연의 결과다. 동시에 지금 당신의 태도는 다가올 미래의 씨앗이다.

현재를 정성스럽게 가꾸어라. 씨 뿌리는 현재를 소홀히 하면서 풍성한 미래의 수확을 기대하는 것은 어리석다. 오늘의 성실함이 내일의 기적을 만드는 유일한 통로임을 믿어야 한다.

인과의 사슬을 읽어내라. 매 순간이 영원의 흐름 속에 맞물려 있음을 깨달을 때, 당신의 행동은 비로소 가벼움을 벗고 묵직한 가치를 얻게 된다.

169

당신만의 속도로
오늘을 성실히 채워라

서두르지 마라, 그러나 쉬지도 마라. 조급함은 현재의 맛을 느끼지 못하게 하는 독이며, 게으름은 현재의 기회를 썩히는 녹이다. 거장은 태양처럼 일정한 리듬으로 자신의 궤도를 간다.

서두르는 자는 목적지에만 마음을 빼앗겨 가는 길의 신비를 보지 못한다. 목적지에 도착했을 때 남는 것은 허무뿐이다. 진정한 행복은 목적지에 도달했을 때가 아니라 현재를 걸어가는 그 걸음걸이 속에 있다.

당신만의 속도로 오늘을 성실히 채워라. 서두름이 사라진 자리에 존재의 평온함과 관조의 여유가 깃들게 된다.

170

남의 삶을 사느라
나의 현재를 희생하지 마라

살아가면서 가장 큰 불행은 스스로가 누구인지 알지 못하고 방황하며 현재를 낭비하는 것이다. 당신의 잠재력을 현재의 활동으로 구현하라. 자신이 지닌 빛을 끄집어내어 오늘을 밝히는 것이 존재의 이유다.

남의 삶을 사느라 당신의 현재를 희생하지 마라. 당신 고유의 색채로 오늘을 물들여라. 자기 자신을 예우하고 존중하는 마음이 현재를 거룩하게 만드는 첫걸음이다.

당신이 누구인지 증명하는 것은 말이 아니라 지금 이 순간의 태도다. 당신의 본질을 정직하게 마주하고 그에 걸맞은 행동을 하라. 그때 비로소 당신은 자신의 주인이 된다.

171

노년의 고요는
산마루의 정적과 닮아 있다

모든 산마루 위에는 고요가 있다. 나뭇가지마다 거의 숨결조차 들리지 않는다. 기다려라, 너 또한 곧 쉬게 된다. 노년에 도달한 평온은 죽음을 기다리는 허무가 아니라 생성을 완수한 자의 휴식이다.

투쟁은 인간의 숙명이었으나 관조는 노년의 특권이다. 치열했던 젊은 날의 격정을 뒤로하고, 이제는 거대한 자연의 섭리 속에 자신을 조화롭게 섞어라. 노년의 고요는 가장 깊은 사유의 바다다.

정지한 것이 아니라 깊어진 것이다. 산마루의 고요처럼 당신의 존재도 이제는 그 자체로 평화가 되어야 한다. 안식의 시간이 오고 있음을 기쁘게 맞이하라.

172

현재의 고통을
영원의 시각으로 바라보라

지금 겪고 있는 고통이 영원할 것 같으나 그것 또한 흐르는 시간의 한 조각일 뿐이다. 시련의 한복판에서 고개를 들어 영원한 법칙을 응시하라. 우주의 관점에서 보면 당신의 아픔은 새로운 생성의 산고다.

고통에 매몰되어 현재를 원망하지 마라. 아픔조차 당신의 일부로 받아들이고, 그것을 어떻게 '지속'되는 가치로 바꿀지 고민하라. 고통을 통과한 현재는 무엇보다 단단한 광채를 얻는다.

비극조차 아름다움으로 바꿀 수 있는 것이 인간의 위대함이다. 운명의 수레바퀴가 당신을 짓누를 때, 그 마찰음조차 현재의 찬가로 승화시키는 거장의 자세를 가져라.

173

소유는 현재를 무겁게 하고,
자유는 현재를 가볍게 한다

너무 많은 소유는 당신을 과거에 묶어두거나 미래의 걱정에 가둔다. 가벼운 짐을 지고 현재의 길을 걷는 나그네가 가장 풍요로운 풍경을 본다. 불필요한 것들을 덜어내어 현재의 여백을 확보하라.

비어 있는 손만이 지금 이 순간의 기적을 움켜쥘 수 있다. 소박한 삶을 선택할 때 당신의 감각은 예리해지고, 당신의 영혼은 자유로운 비상을 시작한다.

절제는 현재를 빛나게 하는 지혜다. 물질의 풍요보다 지금 이 순간 내가 느끼는 공기의 상쾌함에 집중하라. 가벼운 영혼만이 더 높은 진리를 향해 솟아오를 수 있다.

174

당신 곁에 있는 사람에게
온 정성을 다하라

타인과 함께하는 현재는 고립된 현재보다 백배 더 찬란하다. 지금 당신 곁에 있는 사람에게 온 정성을 다하라. 그는 당신의 현재를 비추는 가장 맑은 거울이며 당신의 고독을 씻어주는 동반자다.

사랑은 지배가 아니라 형성이다. 상대를 있는 그대로 존중하며 지금 이 순간의 대화에 몰입하라. 타인의 기쁨에 공명할 때 당신의 현재는 우주적인 크기로 확장된다.

혼자서 가는 길은 빠르지만 함께 가는 길은 영원하다. 현재의 온기를 타인과 나누어라. 타인과의 연대감이 당신을 현재라는 좁은 방에서 건져내어 생의 거대한 환희로 인도할 것이다.

175

지금 이 순간의 활동 속에 영원이 존재한다

눈에 보이는 현상은 찰나적이지만, 그 찰나를 대하는 우리의 태도는 영원한 가치를 지닌다. 현재를 단순히 흘러가는 시간으로 보지 말고, 그 뒤에 흐르는 생동하는 법칙을 포착하라. 진정한 주권자는 눈앞의 소동에 휘둘리지 않고, 지금 자신이 하는 활동이 영원의 한 부분임을 깨닫는 사람이다.

현상은 사라지지만, 그 순간을 채운 성실함의 상징은 남는다. 지엽적인 사건에 일희일비하기보다 현재라는 무대 위에서 당신이 맡은 역할을 최고로 수행하는 데 집중하라.

명료하게 깨어 있는 정신으로 현재를 붙잡을 때, 삶의 불확실성은 비로소 강철 같은 확신으로 변한다. 영원은 먼 미래에 있는 것이 아니라 바로 지금 당신의 손끝에 있다.

176

현재를 낭비하지 않는
통치자가 되어야 한다

진정한 주권자는 흘러가는 시간을 관망하는 손님이 아니라 현재라는 영토를 충실히 경작하는 통치자다. 주권자의 품격은 거창한 구호가 아니라, 지금 이 순간 자신에게 주어진 시간을 얼마나 밀도 있게 장악하느냐에서 결정된다. 현재의 가치를 알아보는 자만이 미래의 주인으로 불릴 자격이 있다.

존엄은 타인의 평가가 아니라, 스스로 확신을 가지고 채워나간 현재의 당당함에서 온다. 과거의 후회나 미래의 불안에 주권을 내주지 마라. 지금 당신이 발을 딛고 서 있는 지점이 당신의 왕국이다.

현재를 뜨겁게 사랑하고 그 속에서 자신의 존재를 증명하라. 주권자로 살라. 그것은 오직 '지금'이라는 시간 안에서만 가능한 위대한 승리다.

177

노년의 현재는
가장 찬란한 시간이다

인생의 해질 무렵에 도달했는가? 낙심하지 마라. 저녁 노을은 새벽의 여명보다 훨씬 더 화려하고 깊은 색채를 뿜어낸다. 노년의 현재는 인생의 정수가 응축된 가장 찬란한 시간이다.

지나온 길을 후회하기보다 남아 있는 빛을 소중히 여겨라. 당신의 삶이 저물어가는 것이 아니라 완성되어가고 있음을 믿어라. 노년의 하루는 젊은 날의 한 달보다 더 밀도 높은 진실을 품고 있다.

끝까지 자신을 예우하라. 노년의 기품은 집착을 내려놓은 자의 평온한 미소에서 완성된다. 아침부터 저녁까지 당신은 언제나 삶이라는 무대의 주인공이었음을 기억하라.

진리는 멀리 있지 않고, 바로 당신의 현재에 있다

먼 곳에서 진리를 찾으려 헤매지 마라. 진리는 당신이 마주하는 일상의 작은 일들, 지금 나누는 대화, 현재의 의무 속에 숨어 있다. 당신의 발밑을 정직하게 관찰하라.

일상은 신성하다. 그것을 소홀히 여기는 자는 결코 위대한 신비에 도달할 수 없다. 평범한 순간 속에 깃든 비범한 질서를 포착하는 것이 관조의 정수다.

당신의 삶 자체가 진리의 실험실이다. 관념의 유희를 멈추고 현재라는 실재의 대지에 발을 딛어라. 당신이 성실하게 살아낸 오늘 하루가 그 어떤 경전보다 더 깊은 진실을 말해줄 것이다.

179

행복해지길 기다리지 말고
지금 행복하라

행복은 우연히 찾아오는 횡재가 아니라 훈련된 자만이 누릴 수 있는 시력이다. 현재에 깃든 기쁨의 조각들을 기민하게 포착하고, 그것을 누리는 법을 매일 연습하라.

행복해지길 기다리지 말고 지금 행복하라. 사소한 즐거움을 소중히 여기는 태도가 당신의 영혼을 풍요롭게 만든다.

행복은 거창한 성취가 아니다. 기쁨은 발견하는 자의 몫이다. 세상의 비극 속에서도 아름다움을 찾아내고, 시련 속에서도 유머를 잃지 않는 자. 그가 바로 행복이라는 여신의 총애를 받는 진정한 지혜자다.

180

삶을 불꽃처럼 태울 때
인간은 영생하게 된다

죽음은 정지이며, 삶은 끝없는 활동이다. 당신이 현재에 행하는 모든 가치 있는 활동은 시간의 흐름을 거스르는 영원한 흔적이 된다. 쉼 없이 생성하는 영혼에게 죽음은 단지 형태의 변화일 뿐이다.

생의 마지막 순간까지 쇄신하라. 낡은 허물을 벗고 끊임없이 새로운 존재로 거듭나는 활동 속에 영원한 청춘이 깃든다. 현재에 몰입하는 활동이야말로 죽음의 공포를 이기는 유일한 길이다.

당신의 삶을 불꽃처럼 태워 현재를 밝혀라. 그 빛이 타인의 가슴에 남고 우주의 기억 속에 새겨질 때 당신은 비로소 죽음을 넘어 영원히 살아 있게 된다.

아는 것만으로는 충분치 않다, 적용해야 한다.

의지만으로는 충분치 않다, 실행해야 한다.

인간은 노력하는 한 계속 방황한다.

태초에 행위가 있었다.

이론은 모두 잿빛이며, 오직 생명의 황금 나무만이 푸르다.

행동하는 자는 양심이 없다. 관찰하는 자만이 양심을 가질 뿐이다.

자신을 신뢰하라. 그러면 어떻게 살아야 할지 곧 알게 될 것이다.

유능한 자는 늘 활동한다.

오직 법칙만이 우리에게 자유를 줄 수 있다.

죽고 생성하라!

재능은 고요함 속에서, 성격은 세상의 거센 물결 속에서 형성된다.

우리는 오직 우리가 사랑하는 것으로부터만 배운다.

생각을 행동으로 옮기는 것은 세상에서 가장 어렵다.

아침의 해만 태양인 것은 아니다. 저녁의 해 역시 여전히 태양이다.

분별 있는 사람들도 노년이 되면 다시금 새롭게 태어날 필요가 있다.

한계를 아는 자만이 거장이 된다.

자연은 비약하지 않는다.

스스로 명령하지 못하는 자는 영원히 하인으로 남는다.

가치 있는 일에는 서두름이 없다.

현재라는 여신만을 숭배하라.

무엇인가를 하려면, 먼저 무엇인가가 되어야 한다.

대담함 속에 천재성과 마법이 숨어 있다.

눈물 젖은 빵을 먹어보지 못한 자는 하늘의 힘을 알지 못한다.

밤이 깊을수록 별은 더 밝게 빛난다.

고통은 지나가도, 고통을 겪은 사실은 남는다.

운명은 정지한 사람에게는 얼굴을 보이지 않는다.

생성의 고난은 새로운 탄생의 신호다.

모든 존재는 생성되는 동안에만 아름답다.

의지는 길을 만들고, 길은 인간을 완성한다.

유능함은 오직 한계를 받아들일 때 시작된다.

오늘이라는 날에 모든 힘을 쏟아라.

비판은 쉽지만 창조는 어렵다.

목적지에 도달하는 방법은 쉬지 않고 걷는 것뿐이다.

고난은 활동의 밀도를 높이는 연단이다.

소명을 찾는 길은 눈앞의 일을 사랑하는 것이다.

배움은 편견에서 해방되는 과정이다.

인격의 존엄은 스스로를 감당하는 힘에서 나온다.

침묵은 본질의 목소리를 듣는 유일한 통로다.

현상 뒤에 숨은 영원한 법칙을 응시하라.

관조하는 자는 우주와 하나가 된다.

부록 _ 읽으면 힘이 되는 괴테 한 줄 명언 100선

편견은 눈을 가리는 두꺼운 안개다.

작은 것 속에 깃든 우주를 보라.

고요한 호수만이 하늘을 비춘다.

질문은 본질의 문을 여는 열쇠다.

형태의 변화는 내면 의지의 표출이다.

빛과 어둠의 조화가 색채를 만든다.

거리는 본질을 보기 위한 필수 조건이다.

아는 만큼 존재하고, 존재하는 만큼 느낀다.

사물의 이름을 잊을 때 본질이 말을 건다.

수용은 타인의 영혼이 숨 쉴 방을 만들어주는 일이다.

우정은 지혜를 나누는 가장 우아한 방식이다.

질투는 영혼을 갉아먹는 녹이다.

고결한 침묵은 요란한 변명보다 깊은 신뢰를 낳는다.

비난은 쉽고 공감은 고결하다.

소통은 서로의 지도를 합쳐 길을 찾는 과정이다.

갈등은 관계를 시험하는 숫돌이다.

아이는 주어진 그대로 사랑해야 할 독립된 우주다.

진실한 동료는 쓴소리를 아끼지 않는다.

소외된 자들을 돌아보는 것이 고결함의 증거다.

현재는 과거의 결실이자 미래의 씨앗이다.

서두름은 영혼을 잃어버린 자들의 질주다.

모든 산마루 위에는 고요가 있다.

몰입은 시간의 농도를 짙게 만드는 연금술이다.

행복은 붙잡는 법을 배우는 자에게만 모습을 드러낸다.

삶은 발견하는 것이 아니라 스스로 만들어가는 것이다.

보라, 좋은 것은 바로 가까이에 있다.

활동하라, 그리고 존재하라.

허물을 지우려 하기보다, 새로운 덕을 쌓아라.

타인의 재능을 인정하는 것이 곧 나의 재능을 키우는 길이다.

법은 우리를 자유롭게 한다.

사람의 얼굴은 그가 읽은 책의 총합이다.

말하는 자는 언제나 틀린다.

모든 형태 중에서 가장 아름다운 것은 인간의 형태다.

세계사는 세계의 재판소다.

나를 소홀히 대하는 사람에게는 나도 나를 주지 않는다.

인생은 속도가 아니라 방향이다.

사랑받는 것은 행복이 아니다. 사랑하는 것이 행복이다.

지혜는 오직 고독 속에서만 발견된다.

훌륭한 예술가는 자연을 모방하지 않고 자연처럼 창조한다.

무엇을 사랑하느냐가 그 사람이 누구인지를 말해준다.

최고의 교육은 스스로 본보기가 되는 것이다.

의심은 행위를 통해서만 극복된다.

정직한 사람은 결코 실패하지 않는다.

우연은 신이 자신을 숨기는 방식이다.

자유로운 인간은 스스로를 제한할 줄 아는 인간이다.

배움이 멈출 때 노화가 시작된다.

침묵은 사색의 그늘이다.

기적은 신념의 가장 소중한 자식이다.

아름다움은 신이 세상에 남긴 미소다.

과거를 기억하되 과거에 살지 마라.

가장 깊은 진리는 가장 단순한 언어로 표현된다.

우정은 한 영혼이 두 몸에 깃든 것이다.

감사는 인격의 꽃이다.

시련은 영혼의 나이테를 만든다.

모든 존재는 상징이다.

시간은 우리에게 재료를 줄 뿐이다.

매 순간 시작하라.

행동하고 존재하라. 그것이 인간에게 주어진 유일한 명령이다.

가장 높은 곳에 오르려면, 가장 낮은 곳의 의무부터 시작하라.

인간은 자신이 가진 것보다 더 높은 것을 향해 나아갈 때 비로소 인간답다.

부조리한 세계를 사랑하는 법

카뮈의 인생 수업

알베르 카뮈 지음 | 정영훈 엮음 | 이선미 옮김 | 값 14,000원

카뮈의 방대한 전작 중에서 현대인에게 가장 필요한 문장만을 선별해 재구성했다. 카뮈는 세계는 왜 무의미해 보이는지, 고통을 어떻게 받아들여야 하는지 등 인간의 근본적인 질문에 답한다. 죽음을 두려움 없이 직시했기에 삶을 더욱 열정적으로 사랑할 수 있었던 카뮈에게서 인생을 어떻게 살아야 할지에 대한 해답을 얻을 수 있을 것이다.

살아갈 힘을 주는 니체 아포리즘

니체의 인생 수업

프리드리히 니체 지음 | 값 15,000원

내가 살아가는 목적을 모르겠다면, 현재의 삶이 괴롭고 고통스럽다면 니체의 생생한 목소리를 담은 이 책을 읽자! 채우기보다는 비워내 나 자신을 찾아 삶의 위기를 의연하게 이겨내길 당부하는 니체 특유의 디톡스 철학, 생(生) 철학이 고된 우리의 현실을 이겨내고 다시 살아갈 힘을 준다. 이 책에는 우리가 알아야 할 인생의 모든 지혜가 담겨 있다. 겉만 번지르르한 관념적인 인생 조언이 아니라 냉엄한 현실을 살아가는 데 도움이 되는 생생하고 구체적인 실천 수칙들이 가득하다.

살아갈 힘을 주는 쇼펜하우어 아포리즘

쇼펜하우어의 인생 수업

아르투어 쇼펜하우어 지음 | 값 14,900원

행복과 인생의 본질, 인간관계의 본질, 학문과 책의 본질 등 인생 전반에 대한 쇼펜하우어의 직설적인 조언을 담은 인생 지침서다. 쇼펜하우어는 이 책에서 인생은 고통 그 자체지만 이 고통이 살아갈 힘을 준다고, 부는 행복에 큰 영향을 끼치지 않는다고, 남에게 평가받기 위해 인생을 낭비하지 말라고, 불행은 혼자 있을 수 없는 데서 생기기에 인간은 고독해야 한다고 전한다.

인간에 대한 위대한 통찰

몽테뉴의 수상록

미셸 몽테뉴 지음 | 값 12,000원

가볍지도 과하지도 않은 무게감으로 몽테뉴는 세상사의 다양한 주제들에 대해 본인의 견해를 자신 있고 담담하게 풀어낸다. 이 책을 읽으며 나의 판단이 바른지, 내가 지금 제대로 살고 있는지, 앞으로 어떻게 살아야 하는지 등을 수없이 자문해보자. 원초적인 동시에 삶의 골자가 되는 사유를 함으로써 의식을 환기하고 스스로를 성찰하며 인생의 전반에 대해 배우는 계기가 될 것이다.

교육에 대한 위대한 통찰

루소의 에밀

장 자크 루소 지음 | 값 15,000원

루소는 교육은 가르침이 아니라 도와주는 것이며 강제와 주입이 아닌 해방과 성장을 가능케 하는 환경을 만드는 일임을 밝힌다. "인간은 어떻게 인간이 되어가는가"라는 원초적인 질문을 던지는 『루소의 에밀』을 편역한 이 책은 루소의 사유 리듬과 문체의 온도를 해치지 않으면서도, 오늘의 독자가 끝까지 읽을 수 있는 흐름으로 재구성했다.

인생의 짧음과 마음의 평정에 대하여

세네카의 인생론

루키우스 안나이우스 세네카 지음 | 정영훈 엮음 | 정윤희 옮김 | 값 12,000원

고대 스토아 철학파의 대가로 불리는 세네카의 산문 『인생의 짧음에 대하여』와 『마음의 평정에 대하여』를 한 권으로 엮어 펴냈다. 편역서이는 책의 특성상 시대적·역사적·문화적으로 지나치게 거리가 먼 부분은 일부 삭제하고, 가장 필요한 핵심만 골라서 소개했다. 그럼에도 이 책을 통해 세네카가 독자에게 건네는 깨달음과 그 가치의 탁월함을 느낄 수 있을 것이다.

살아 있는 고전으로 인생을 배우다

삼국지 인생 수업

나관중 지음 | 값 14,000원

이 책은 삼국지라는 역사의 흐름에서 인물과 장면만을 추출해 담았다. 영웅의 위대함을 설명하는 대신 인물들의 입체적이고 인간적인 결을 보여준다. 기준과 책임을 지키며 살아온 인물들의 선택을 통해 스스로를 돌아본다면, 현재의 삶을 어떻게 살아갈 것인가에 대한 해답을 얻을 수 있을 것이다.

자신과 마주하고 지혜롭게 살아가기

아우렐리우스의 명상록

마르쿠스 아우렐리우스 지음 | 값 11,000원

마르쿠스 아우렐리우스는 로마제국을 20년 넘게 다스렸던 16대 황제다. 그는 로마에 있을 때나 게르만족을 치기 위해 진영에 나가 있을 때 스스로를 반성하고 성찰하는 내용을 그리스어로 꾸준히 기록했다. 그 결과물이 바로 『명상록』이다. 마음가짐을 어떻게 가져야 하는지, 삶과 죽음에 대한 바람직한 태도는 무엇인지, 변하지 않는 세상의 본질은 무엇인지 등을 들려주고 있어 곱씹고 음미하면서 책장을 넘기게 될 것이다.

■ 독자 여러분의 소중한 원고를 기다립니다 ─────────────────────

메이트북스는 독자 여러분의 소중한 원고를 기다리고 있습니다. 집필을 끝냈거나 집필중인 원고가 있
으신 분은 khg0109@hanmail.net으로 원고의 간단한 기획의도와 개요, 연락처 등과 함께 보내주시
면 최대한 빨리 검토한 후에 연락드리겠습니다. 머뭇거리지 마시고 언제라도 메이트북스의 문을 두드
리시면 반갑게 맞이하겠습니다.

■ 메이트북스 SNS는 보물창고입니다 ─────────────────────

메이트북스 홈페이지 matebooks.co.kr

홈페이지에 회원가입을 하시면 신속한 도서정보 및
출간도서에는 없는 미공개 원고를 보실 수 있습니다.

메이트북스 유튜브 bit.ly/2qXrcUb

활발하게 업로드되는 저자의 인터뷰, 책 소개 동영상을 통해 책
에서는 접할 수 없었던 입체적인 정보들을 경험하실 수 있습니다.

메이트북스 블로그 blog.naver.com/1n1media

1분 전문가 칼럼, 화제의 책, 화제의 동영상 등 독자 여러분을 위
해 다양한 콘텐츠를 매일 올리고 있습니다.

STEP 1. 사용중이신 스마트폰의 카메라 앱을 실행해주세요.   STEP 2. 카메라 렌즈를 통해 각 QR코드를 스캔하시면 됩니다.
STEP 3. 팝업창을 누르시면 메이트북스의 SNS가 나옵니다.